पाण्डेय बेचन शर्मा 'उग्र'

जन्म : 1900 ई.; चुनार, ज़िला—मिर्ज़ापुर। 14 वर्ष की आयु तक स्कूल के बजाय गलियों-सड़कों पर। 1915 से पढ़ाई की शुरुआत तो 1920 में जेल जाने से शिक्षावरोध। 1921 में रिहाई।

1921 से 1924 तक दैनिक 'आज' (बनारस) में कहानियाँ, कविताएँ, व्यंग्य आदि का लेखन। उसके बाद कलकत्ता में 'मतवाला' के सम्पादकीय सहयोगी। 1926-27 में पुन: जेल-यात्रा। 1930-38 में बम्बई जाकर फ़िल्म-लेखन। 1939-45 के दौरान मध्य प्रदेश से प्रकाशित 'स्वराज्य', 'वीणा', 'विक्रम' आदि पत्रों में लेखन-सम्पादन। 1947 में मिर्ज़ापुर से 'मतवाला' का पुनर्प्रकाशन। लेकिन 1950-52 में पुन: कलकत्ता और फिर 1953 से मृत्युपर्यन्त—23 मार्च, 1967 तक—दिल्ली में।

प्रमुख प्रकाशित पुस्तकें : 'चाकलेट', 'चन्द हसीनों के ख़तूत', 'फागुन के दिन चार', 'सरकार तुम्हारी आँखों में', 'घंटा', 'दिल्ली का दलाल', 'शराबी', 'यह कंचन-सी काया', 'पीली इमारत', 'चित्र-विचित्र', 'कालकोठरी', 'कंचनघट', 'सनकी अमीर', 'जब सारा आलम सोता है', 'कला का पुरस्कार', 'मुक्ता', 'जीजीजी', 'कढ़ी में कोयला', 'ग़ालिब-उग्र' तथा 'अपनी ख़बर'।

अपनी खबर

पाण्डेय बेचन शर्मा 'उग्र'

राजकमल पेपरबैक्स

पहला पुस्तकालय संस्करण
राजकमल प्रकाशन प्राइवेट लिमिटेड द्वारा
1960 में प्रकाशित

राजकमल पेपरबैक्स में
पहला संस्करण : 1984
ग्यारहवाँ संस्करण : 2026

राजकमल पेपरबैक्स : उत्कृष्ट साहित्य के जनसुलभ संस्करण

राजकमल प्रकाशन प्रा.लि.
1-बी, नेताजी सुभाष मार्ग, दरियागंज
नई दिल्ली-110 002
द्वारा प्रकाशित

शाखाएँ : अशोक राजपथ, साइंस कॉलेज के सामने, पटना-800 006
पहली मंजिल, दरबारी बिल्डिंग, महात्मा गांधी मार्ग, प्रयागराज-211 001
1, अनमोल सोराबजी सन्तुक लेन, धोबी तलाव, मरीन लाइंस, मुम्बई-400 002
वेबसाइट : www.rajkamalprakashan.com
ई-मेल : info@rajkamalprakashan.com

यश प्रिंटोग्राफिक्स
नोएडा-201 301 (उत्तर प्रदेश)
द्वारा मुद्रित

मूल्य : ₹ 250

APANI KHABAR
An autobiography by Pandey Bechan Sharma 'Ugra'

ISBN : 978-81-267-1108-6

दिवंगत श्री महादेवप्रसाद सेठ
को सादर समर्पित

क्रम

दिग्दर्शन

"मैंने क्या-क्या नहीं किया ? किस-किस दर की ठोकरें नहीं खाईं ? किस-किसके आगे मस्तक नहीं झुकाया ? मेरे राम ! आपको न पहचानने के सबब 'जब जनमि-जनमि जग, दुख दसहू दिसि पायो।'

"आशा के जाल में फँस, 'योर मोस्ट ओबीडिएण्ट सर्वेंट' बन, नीचों को मैंने परम प्रसन्न प्रेमपूर्वक 'प्रभु ! प्रभु !' पुकारा। मैंने द्वार-द्वार, बार-बार मुँह फैलाया दीनता सुनाने, लेकिन किसी ने उसमें एक मुट्ठी धूल तक नहीं डाली !

"भोजन और कपड़े के लिए पागल बना मैं यत्र-तत्र-सर्वत्र झक मारता फिरा, प्राणों से भी अधिक प्रिय आत्म-सम्मान त्यागकर खलों के सामने मैंने खाली पेट खोल-खोलकर दिखलाया !

"सच कहता हूँ, कौन-सा ऐसा नीच नाच होगा जो लघु-लोभ ने मुझ बेशरम को न नचाया होगा ! किन्तु...आह !...लालच से ललचाने के सिवाय 'नाथ ! हाथ कछु नहिं लग्यो !'

तुलसीदास (विनय)

प्रवेश

चन्द ही महीने पहले बिहार के विदित आचार्य श्री शिवपूजन सहायजी (पद्मभूषण), आचार्य नलिन विलोचनजी शर्मा तथा श्री जैनेन्द्र कुमारजी मेरे यहाँ कृपया पधारे थे। साथ में बिहार के दो-तीन तरुण और भी थे। बातों-ही-बातों में श्री शिवपूजन सहाय ने मुझसे कहा—"उग्र, अब तुम अपने संस्मरण लिख डालो।"

मैंने कहा—"लिख तो डालूँ, लेकिन जीवित महाशयों की बिरादरी—अन्ध-भक्त बिरादरी—का बड़ा भय है। बहुतों के बारे में सत्य प्रकट हो जाए तो उनके यश और जीवन का चिराग ही लुप्-लुप् करने लगे। कुछ तो मरने-मारने पर भी आमादा हो सकते हैं। उदाहरणतः एक जगह वाल्मीकीय रामायण, सुन्दर काण्ड, की कथा में मेरे एक ऐसे मित्र भी उपस्थित थे जो हनुमानजी के अन्ध-भक्त थे। लंका में मन्दोदरी को रोती हुई देखकर हनुमानजी ने समझा सीताजी हैं, उनकी खोज सफल हुई ! और वह सहज बन्दर की तरह प्रसन्न, चंचल हरकतें करने लगे :

आस्फोटया मास चुचुम्ब पुच्छं
ननन्द चिक्रीड जगौ जगाम।
स्तम्भावरोहन्निपपातभूमौ
निदर्शयन् स्वां प्रकृतिं कपीनाम्।

यानी हनुमानजी उत्साह से अपनी पूँछ चूमते हुए पटकने लगे। मारे हर्ष के वह चंचल चलने, उछलने-कूदने, खम्भों पर चढ़ने-उतरने, स्वाभाविक बन्दर-लीला करने लगे।

"लेकिन कथा-वाचक के मुँह से यह अर्थ और हनुमानजी के लिए बन्दर और पूँछ का प्रयोग सुनते ही वह अन्ध-भक्तजी भड़क पड़े। यहाँ तक कि उस दिन की कथा ही हजरत ने भंग कर डाली।

"इसी तरह यदि मैं लिखूँ कि दिग्गजाकार महाकवि 'निराला' पर कलकत्ते के एक मूषकाकार प्रकाशक ने सन् 1928 ई. में, बड़ा बाजार की अपनी दूकान में काठ की तलवार से कई प्रहार किए थे, ऐसे कि 'निराला' भी हतप्रभ होकर प्रायः रोकर रह गए थे, तो सत्य की तह तक गए बग़ैर ही 'निराला' भक्त सनसना-झनझना उठेंगे।"

"लेकिन घटना तो सही है," आचार्य शिवपूजन ने कहा।

इसके बाद उपस्थित मित्रों को मैंने दो संस्मरण सुनाए—1. 'निराला' जी पर एक प्रकाशक द्वारा आक्रमण, फिर उस प्रकाशक पर 'निराला' जी का प्रहार; बीच में 'उग्र' का उत्तेजक-पार्ट और 2. 'निराला' के पुत्र के ब्याह में, लखनऊ में, बतबढ़ाव में, भरी मजलिस में किसी बहकते प्रकाशक पर एक दहकते समालोचक का आक्रमण और उसके बाद का भूतनाथ की बारातवाला कोलाहल। साथ ही इस दुर्घटना के विवरण में वहाँ उपस्थित न होने पर भी 'उग्र' की बदनामी।

उक्त दोनों उदाहरण तो निराला-विषयक हैं। मेरे

खतरनाकप्राय जीवन में ऐसे कोलाहलकारी संस्मरणों की भरमार है जिन्हें यदि रेकार्ड पर उतार दिया जाए तो सम्बन्धित महानुभाव फरिश्ते नहीं, आदमी नज़र आने लगें। हनुमान विशुद्ध प्राकृतिक रूप में, बाल और पूँछ के साथ ऐसे नज़र आएँ कि अन्ध-भक्त लोग भड़ककर रह जाएँ। ऐसे-ऐसे लोग बम्बई में, कलकत्ता में, इन्दौर में, उज्जैन में, बनारस में, पटना में और अब तो दिल्ली में भी हैं। डॉक्टर जीकल मिस्टर हाइड, बाहर समाज में सुवर्ण के भोले मृग की तरह दिखाई देनेवाले अंतःकालनेमि, जिन्हें मैं बहुत निकट से जानता हूँ, ऐसों के बारे में अपने संस्मरण यदि कभी मैंने लिखे तो उसका उद्देश्य भण्डाफोड़ या व्यक्तिगत विद्वेष नहीं होगा। उद्देश्य होगा यह प्रमाणित करना कि कुछ सत्य ऐसे भी होते हैं जिन्हें कल्पना तक छू नहीं सकती, जैसे दिग्गजाकार 'निराला' पर मूषकाकार पब्लिशर का आक्रमण कर बैठना।

अपनी याददाश्त पब्लिक की जानकारी के लिए लिखने में आत्म-प्रशंसा और अहंकार-प्रदर्शन का बड़ा खतरा रहता है। ऐसे संस्मरणों में किसी एक मन्द घटना के कारण अनेक गुण-संपन्न पुरुष पर अनावश्यक आँच भी आ सकती है। मैंने आगे लिखा है कि 'आज' के संपादक बैरिस्टर श्रीप्रकाश ने मेरी पहली कहानी बिना पढ़े ही कूड़े की टोकरी में डाल दी थी। इस एक ही वाकये से आदरणीय श्रीप्रकाशजी को गलत समझना उजलत भी हो सकती है। बाद में श्रीप्रकाशजी मेरी रचनाओं के प्रॉपर प्रशंसक रहे और आज भी मुझ पर तो उनका प्रसाद ही रहता है।

इन संस्मरणों को पढ़ने पर किसी को ऐसा लगे कि मैंने निन्दा या बुराई किसी की की है तो यही मानना होगा कि मुझे ठीक तरह से लिखना आया नहीं। दूसरा तर्क यह कि आइने में अपना मुँह देख कोई यह कहे कि दर्पण तो उसका निन्दक है, दुष्ट दोष-दर्शक, तो ठीक है। और अफसोस की बात है कि दर्पण अंधा पत्थर नहीं, देखता-दिखाता दरसक-दरसाता दर्पण है।

'मेरे प्रकाशक' नाम से यदि मैं कभी अपने संस्मरण पब्लिशरों के बारे में लिखूँ तो कम-से-कम पाँच सौ पन्ने का पोथा प्रचण्ड प्रस्तुत हो—महान् मनोरंजक। मेरे बाकायदा प्रथम पब्लिशर श्री पन्नालाल गुप्त नामक एक सज्जन थे। बनारस में नीची बाग में उनकी छोटी-सी दुकान थी। पन्नालालजी मुझे दो रुपए रोज़ देते और मैं उन्हें 'महात्मा ईसा' नाटक का एक दृश्य लिखकर देता था।

दूसरे प्रकाशक 'मतवाला' के संचालक श्री महादेव प्रसाद सेठ थे, जिनकी मुख्य लत थी गुणियों पर आशिक होना। मुंशी नवजादिक लाल, ईश्वरी प्रसाद शर्मा, शिवपूजन सहाय, सूर्यकान्त त्रिपाठी 'निराला', पांडेय बेचन शर्मा 'उग्र' आदि में, जिसमें जो भी खूबियाँ थीं उन्हें खूब ही सहृदयता से परख, खूब ही प्रेम से पूजा महादेव सेठ ने।

महादेव बाबू 'निराला' जी पर ऐसे मुग्ध थे कि उन्हें गुलाब के फूल की तरह हृदय के निकट बटनहोल में सजाकर रखते थे। अघाते नहीं थे महादेव सेठ उदीयमान कवि 'निराला' के गुण गाते ! यह तब की बात है जब 'निराला' को कोई कुछ भी नहीं समझता था। आज तो

बिना कुछ समझे सबकुछ समझनेवाले समीक्षक स्वयंसेवकों की भरमार-सी है।

महादेव प्रसाद सेठ के सहृदय बटनहोल में 'निराला' मुझे ऐसे आकर्षक लगे कि देखते-ही-देखते उसमें मैं-ही-मैं दिखाई पड़ने लगा। महादेव बाबू से मेरी पहली शर्त यह थी, कहिए अनुबन्ध, कि वह पच्चीस रुपए माहवारी मेरे घर भेजेंगे और स्वयं जो खाएँगे मुझे भी वही खिलाएँगे : दूसरे दिन दोपहर में जब सेठजी अंगूर खाने बैठे तब ईमानदारी से अपने अंश के आधे अंगूर उन्होंने मेरे सामने पेश किए। इस पर माशूकाना अदा से मैंने कहा, "यह गलत है।" "गलत क्या महाराज ?" विस्मित हो पूछा प्रेमी प्रकाशक ने। मैंने कहा, "मेरी आपकी यह शर्त नहीं थी कि मैं आपकी खूराक आधी कर दूँ। शर्त है कि जो आप खाएँ वही मैं भी खाऊँ। आप रोज़ आधा पाव अंगूर खाते हैं, तो आधा ही पाव मेरे लिए भी मँगाया करें।" मेरे इस उत्तर पर महादेव प्रसाद थे सौ जान से कुरबान !

महादेव प्रसाद सेठ साहूकार वंश में उत्पन्न हो व्यापारी गादी पर बैठने पर भी फलों से लदे रसिक रसाल-जैसे थे जिन्हें अपने फल लुटाकर द्विजगण का कलरव श्रवण करना ही रुचता था। लेकिन आदमी का सुख विधना को कहाँ सुहाता है ! मौसम बदला, फल झड़े, द्विज-दल उड़े—न स्वर, न गान, न मण्डली, न कलरव। अप्रत्याशित पतझड़ आया, महादेव सेठ-रूपी रसाल अकाल ही सूख गया। पुण्य प्रकाशक दिवंगत महादेव प्रसाद सेठ का चरित्र परम उदात्त, जिसके लिए पन्ना नहीं पोथी चाहिए।

फिर भी यह सब मैं आज लिख रहा हूँ विवेक का ठेला लेकर। जब तक महादेव प्रसाद सेठ थे, मैं (ग़ज़ल के माशूकों की तरह) उन्हें गालियाँ ही देता रहा। और वह थे कि मेरा मुँह न देख मुझमें जो कलाकार था उसी को सराहते-चाहते थे।

लेकिन दबते नहीं थे महादेव सेठ। वह दार्शनिक की तरह अनादर-आदर के ऊपर हो रहते थे। बस एक ही दिन उन्होंने मेरे दुर्वचनों का विरोध किया और मुझे ऐंठकर रख दिया था। "महाराज," उन्होंने हुक्के की कश का धुआँ लम्बी मूँछों से छोड़ते हुए कहा, "आप गाली ऐसे को दिया करें जो आपको उसका उत्तर दे। मैं चुप रहूँ, आप गालियाँ देते रहें; आप कायर हो जाएँगे।"

महादेव प्रसाद सेठ के इस अहिंसक वाण ने मेरे प्राणों को कँपा, हिला, झकझोरकर रख दिया। हम दोनों एक ही कमरे में पाँच गज़ के फ़ासले पर सोया करते थे। पिछली रात तक मैं घुटता रहा। अंत में मैंने उन्हें जगाया ही—"महादेव बाबू, मैं आपसे माफी माँगता हूँ, मुझे नींद नहीं आ रही है।" "आप बड़े आदमी हैं," उस तेजस्वी पब्लिशर ने मेरी उग्रता पर सान धरते हुए आशीर्वाद के स्वर में कहा था, "ये बड़े आदमियों के लक्षण हैं।"

'निराला' ने जब उस पब्लिशर पर प्रत्याक्रमण किया तब वह 'मतवाला' कार्यालय ही में रहा करते थे। वह प्रकाशक आया था उन दिनों खूब ही बिकती उग्र-लिखित पुस्तकों का आर्डर लेकर। उसी वक्त मेरे किसी तीव्र ताने से तनकर मेरे ही टेबल पर से बड़ी छुरी उठाकर

'निराला' सनसनाते सड़क पर चले गए थे। 'मतवाला' ऑफ़िस से सौ-ही-डेढ़ सौ गज़ों की दूरी पर उन्होंने प्रकाशक पर आक्रमण किया। भगवान् ने रक्षा की—वे दोनों मेरी छुरी खोल ही रहे थे कि पास-पड़ोसवालों ने उन्हें पकड़ लिया।

इसके बाद 'निराला' तो 'मारकर टर रहे', लेकिन वह प्रकाशक पलटकर पुनः 'मतवाला' कार्यालय में आया और महादेव सेठ पर गड़गड़ाने लगा कि तुम्हीं ने मेरी दुर्गति कराई है। जब वह बक-झककर चला गया तब 'निराला' जी आए। 'निराला' को देखते ही दृढ़ क्रोध से कड़ककर महादेव सेठ ने कहा, "मेरे यहाँ कोई बिजनेस करने आएगा तो आप उसे मारेंगे ? यह मैं बरदाश्त नहीं कर सकता। आप अपना बिस्तर यहाँ से ले जाइए।"

नतीजा यह हुआ कि बोरिया-बँधना सँभाल महाकविजी उस वक्त चलते-फिरते नज़र आए। अब पुनः मेरी बारी आई। मैंने कहा, "महादेव बाबू ! बिस्तर आप मेरा भी बँधवाएँ, क्योंकि मेरी उत्तेजना से 'निराला' ने अपने अपमान का बदला लिया था। कानून हाथ में लेकर प्रकाशक ने पहले 'निराला' पर अपमानक आक्रमण क्यों किया, खासकर अपनी दूकान में ? सारी सड़क पर आपका बिज़नेस नहीं होता। उन्होंने 'मतवाला' कार्यालय से काफी दूर पर स्वाभिमान का हिसाब सेटल किया था। सो भी होश में नहीं, मेरे शब्दों के नशे में। यह अगर गलती है तो 'उग्र' की है, 'निराला' की नहीं।

और अन्त में, महादेव प्रसाद सेठ ने महसूस किया कि आवेश में प्रिय महाकवि को बिस्तर गोल करने का

हुक्म देकर उन्होंने बिज़नेस की भावना पर तरजीह दी थी। वह 'निराला' की बड़ी कद्र करते थे। भागे-भागे उनके नए स्थान पर गए। चरण पकड़कर भावुक, सहृदय, सुपठित प्रकाशक महादेव प्रसाद सेठ ने महाकवि से माफी माँगी।

'निराला' ने 'मतवाला' के दरवाज़े पर आकर मुझे बुलाकर शाबाशी के लहजे में कहा, "तुम मर्द हो !"

'निराला' व्यक्ति पर भी संस्मरणों की निहायत चुस्त पुस्तिका प्रस्तुत की जा सकती है—उस रंग की जिससे यह झलके कि वह धरती के हैं, हमी आपमें से सबके सिद्ध, न कि उस रंग की जिससे यह ज़ाहिर हो कि वह आदमी तो हैं अपोलो और भीम-जैसे, लेकिन न तो उनमें हड्डी है और न बाल। वही हनुमानजी बिना पूँछ के !

—पाण्डेय बेचन शर्मा 'उग्र'

25.12.60
कृष्णनगर, दिल्ली-31

अपनी खबर

मनकि बेचन पाँडे, वल्द बैजनाथ पाँडे, उम्र साठ साल, क़ौम बरहमन, पेशा अख़बार-नवीसी और अफ़साना-नवीसी, साक़िन मुहल्ला सद्दूपुर चुनार, ज़िला मिर्ज़ापुर (यू.पी.), हाल मुकाम कृष्णनगर, दिल्ली-31, आज ज़िन्दगी के साठ साल सकुशल समाप्त हो जाने के उपलक्ष्य में उन्हें, जो कि मुझे कम या बेश जानते हैं, अपने जीवन के आरंभिक बीस बरसों की घटनाओं से कसमसाती कहानी सुनाना चाहता हूँ।

विक्रमीय संवत् के 1957वें वर्ष के पौष शुक्ल अष्टमी की रात साढ़े आठ बजे मेरा जन्म यू.पी. के मिर्ज़ापुर ज़िले की चुनार तहसील के सद्दूपुर नामक मुहल्ले में बैजनाथ पाँडे नामक कौशिक गोत्रोत्पन्न सरयूपारीण ब्राह्मण के घर पर हुआ। मेरी माता का नाम जयकली, जिसे बिगाड़कर लोग 'जयकल्ली' पुकारते थे। मेरे पिता तेजस्वी, सतोगुणी, वैष्णव-हृदय के थे। मेरी माता ब्राह्मणी होने के बावजूद परम उग्र, कराल-क्षत्राणी स्वभाव की थीं। मेरे एक दर्जन बहन-भाई थे जिनमें अधिकतर पैदा होते ही या साल-दो साल के होते-होते प्रभु के प्यारे हो गए थे। पहले भाइयों के नाम उमाचरण, देवीचरण, श्रीचरण, श्यामाचरण, रामाचरण आदि थे। इनमें अधिकतर बच्चे दग़ा दे गए थे, अतः

मेरे जन्म पर कोई ख़ास उत्साह नहीं प्रकट किया गया। शायद थाली भी न बजाई गई हो, नौबत और शहनाई तो दूर की बात। मैं भी कहीं दिवंगत अग्रजों की राह न लगूँ, अतः तय यह पाया कि पहले तो मेरी जन्म-कुंडली न बनाई जाए, साथ ही जन्मते ही मुझे बेच दिया जाए। सो, जन्मते ही मुझे यारों ने बेच डाला। और किस क़ीमत पर ? महज़ टके पर एक ! उसका भी गुड़ मँगाकर मेरी माँ ने खा लिया था। अपने पल्ले उस पर टके में से एक छदाम नहीं पड़ा था, जो मेरे जीवन का सम्पूर्ण दाम था। अलबत्ता 'जन्मजात बिका' का बिल्ला-जैसा नाम तौक की तरह गले मढ़ा गया—बेचन ! बेचन नाम ऐसा नहीं जिसे ओम्प्रकाश की तरह भारत-प्रचलित कहा जाए। यह तो उत्तर भारत के पूरबी ज़िलों में चलनेवाला नाम है, सो भी अहीरों, कोरियों, तथाकथित निम्न-वर्गीयों में प्रचलित। ब्राह्मण के घर में पैदा होने पर भी मुझे यह जो मंद नाम बख़्शा गया उसकी बुनियाद में मेरी बहबूदी, ज़िन्दगी-दराज़ की कामना ही थी। किसी भी नाम से बेटा जिए तो ! आज जीवन के 60वें साल में मैं साधिकार कह सकता हूँ कि मुझे ही नहीं, मौत को भी यह नाम नापसन्द है। लेकिन, अब, इस उम्र में तो ऐसा लगता है यह नाम नहीं, तिलस्मी गंडा है, जिसके आगे काल का हथकण्डा भी नहीं चल पा रहा है।

इस तरह—मैं शिकायत नहीं करता—देखिए तो जहाँ मैं पैदा हुआ वह परिवार तो ग़रीब था ही, नाम भी मुझे जगन्नाथ, भुवनेश्वर, राजेश्वर, धनीराम, मनीराम, सूर्यनारायण, सुमित्रानन्दन, सच्चिदानन्द हीरानन्द

वात्स्यायन जैसा नहीं मिला ! और गोया इससे भी मेरे दुर्भाग्य को सन्तोष नहीं हुआ तो मैंने अभी तुतलाना भी नहीं सीखा था कि पिता का स्वर्गवास हो गया। इसके बाद मैं अपने बड़े भाई के अण्डर में आया जो विवाहित थे और पिता के बाद घर के पालक थे। मेरे बड़े भाई ने विधि से कुछ भी पढ़ा नहीं था, फिर भी बुद्धि उनकी ऐसी तीव्र थी कि वह हिंदी तो बहुत ही अच्छी, साथ ही संस्कृत और बंगला भी ख़ासी जानते थे; वैद्यक और ज्योतिष में भी टाँग अड़ाने की योग्यता रखते थे। वह समस्या-पूर्ति-युग के कवि और गद्य-लेखक भी ख़ासे थे। प्रूफ़-शोधन तथा पत्रकार-कला से भी उनका घनघोर सम्बन्ध था। मेरे यह बड़े भाई साहब जब जवान थे तभी सनातन धर्म के भाग्य में, परिवार-पद्धति के भाग्य में, सर्वनाश की भूमिका लिखी हुई थी। अतएव जाने-अनजाने युग के साथ भाई साहब को भी इस सर्वनाश नाटक में अपने हाथों पाँव में कुल्हाड़ी मारने का उन्मत्त पार्ट अदा करना पड़ा। हम नज़दीक थे, अतः भाई साहब का काम हमें अधिक दुखदायी एवं बुरा लगा। लगा, दुनिया में उन-जैसा बुरा कोई था ही नहीं। लेकिन ज़रा ही ध्यान से देखने से पता चल जाएगा कि मेरे घर में जो हो रहा था वह अकेले मेरे ही घर का नहीं, कमोबेश समाज के घर-घर का नाटक था।

और मैं उस गली की कहानी बतला दूँ जिसमें मैंने जन्म लिया था। सद्दूपुर मुहल्ले की एक गली—बँभन-टोली। गली के इस सिरे से उस सिरे तक ब्राह्मणों ही के मकान एक तरफ़ और दूसरी तरफ़ भी एक तेली तथा दो-तीन कोरियों के घरों को छोड़ बाकी

ज़मीनें ब्राह्मणों की। दो-तीन घरों को छोड़ बाक़ी सभी ब्राह्मण खाते-पीते ख़ासे। एकाध तो पूँजीवाले भी। दक्खिनी नाके पर भानुप्रताप तिवारी, जिनके बड़े-बड़े दो-दो मकान। फिर ग़रीब मुसई पाठक, फिर मेरे पिता की योग-क्षेम गृहस्थी, चचा भी हमीं-जैसे लेकिन वैद्य होने से उनके हाथ में कल्पवृक्ष की डाल-जैसी अलौकिक विभूति हमेशा ही रही, जिससे वह प्रभाववाले और अभावहीन थे। इसके बाद हमारे पट्टीदार भाई विन्ध्येश्वरी पाँडे का परिश्रमी, प्रसन्न परिवार। फिर ब्रह्मा मिश्र की हवेली। जयमंगल त्रिपाठी का घर और अंत में बेचू पाँडे का सहन। एक भानुप्रताप तिवारी को छोड़ बाकी सभी ब्राह्मण जजमानी वृत्ति वाले थे। हवेलीवाले ब्रह्मा मिश्र की जजमानी सबसे ज़्यादा थी। बाग-बगीचे, खेती-बाड़ी, लेन-देन भी होता था। बेचू पाँडे उनके आधे के भागीदार थे। हम लोगों की जजमानी यूँ ही जयसीताराम थी। कहिए हम शानदार भिखारी थे। भिखारी सड़क पर कपड़े फैला या गलियों में हाथ पसारकर भीख माँगता है, लेकिन हमें ग़रीब और ब्राह्मण जानकर जाने लोग हमारे घर भीख पहुँचा जाते थे। यह भीख भी शानदार थी, तब तक जब तक ब्राह्मणों के घर में ब्राह्मण पैदा होते थे। लेकिन जब ब्राह्मणों के घर में ब्रह्मराक्षस पैदा होने लगे तब तो यह जजमानी वृत्ति नितान्त कमीना धन्धा—स्वयं नीचातिनीच होकर भी दूसरों से चरण पुजवाना—रह गई थी। यह कथा आज से 55 वर्ष पूर्व की है। तभी तथाकथित सनातन धर्म के नाश का आरंभ उसी के अनुगामियों—धर्म के ठेकेदार ब्राह्मणों—द्वारा हो चुका था। मानो तो देव नहीं पत्थर ! धर्म विश्वास पर

पनपता है। जिस जनरेशन में मेरे बड़े भाई साहब पैदा हुए थे उसका विश्वास धर्म से उठ रहा था। मुहल्ले के हरेक घर में एक-न-एक ऐसा जवान पैदा हो चुका था जो पुरानी मर्यादाओं और धर्म को ताक पर रखकर उच्छृंखल आचरण में रत रहा रहता था। और घरवाले मारे मोह के परिवार के उस प्राणी का विरोध करने में असमर्थ थे। शास्त्रों में विधान है कि कुल-धर्म-विरुद्ध आचरण करनेवाले को सड़ी अँगुली की तरह काटकर समाज-तन से अलग कर देना चाहिए। हम जब तक ऐसा करते रहे तब तक समाज का स्वास्थ्य चुस्त-दुरुस्त था।

ग़लतीवश, मोहवश, दुर्भाग्यवश जब से हमने गलितांग को अपना अंग जानकर काट फेंकने से इन्कार कर गले से लगाना शुरू किया है, तभी से विष सारे शरीर में व्याप्त हो गया है। अब से पचास-साठ वर्ष पहले अखिल-भारतीय स्तर पर सहस्र-सहस्र ऐसे ब्रह्मराक्षस पैदा हुए थे, जिन्होंने कुकर्मों के स्लो-पॉयज़न द्वारा मारते-मारते सनातन धर्म को मार ही डाला। इस पूर्णता से कि वह सनातन धर्म तो अब पुनः जागने-जीनेवाला नहीं जिसके सरग़ना ब्राह्मण लोग थे। ब्राह्मण-कुल में मैं भी पैदा हुआ हूँ। कोई पूछ सकता है कि सनातन धर्म या ब्राह्मण धर्म के इस विनाश पर मेरी क्या राय है। मेरी क्या राय हो सकती है ? मैं कोई व्यावसायिक 'राय' साहब नहीं। जो वस्तु नष्ट होने योग्य होती है, जिसकी उपयोगिता सर्वथा समाप्त हो जाती है, वही नष्ट होती है, उसी का अंत होता है। रहा मेरा ब्राह्ण-कुल में पैदा होना, सो उसे मैं नियति की भूल

मानता हूँ। जब से पैदा हुआ तब से आज तक शूद्र-का-शूद्र हूँ। 'जन्मना जायते शूद्र'; मनु का वाक्य है कि नहीं—"संस्कारात् द्विजमुच्यते।" जन्म से सभी शूद्र होते हैं, बाद को संस्कार द्वारा नव-प्रज्ञा प्राप्त कर द्विज बनते हैं। वह संस्कार पाण्डेय बेचन शर्मा के पल्ले न तो बचपन में पड़ा था, न जवानी में और न आज तक। आदि से आज तक एक दिन भी जो ब्राह्मण रहा हो उसे फिर मनुष्य-जन्म मिले, फिर टट्टी की हाजत सताए, फिर राम-राम के पहर आबदस्त लेने की घृणित घड़ी उसके हाथ में आए। और अब इस साठ वर्ष की वय में यदि मैं शिकायत करूँ कि हाय रे, मैं सारे जीवन शूद्र-का-शूद्र ही रहा तो मुझ-सा मतिमन्द टॉर्च लाइट लेकर ढूँढ़ने पर भी दुनिया में नहीं मिलेगा। सो, जैसे मैं स्वयं को बुरा नहीं मानता, वैसे ही शूद्र को भी नहीं मानता। मैं जैसे स्वयं को भला ही समझता हूँ, वैसे ही शूद्र को भी भला ही समझता हूँ। शूद्र द्विज (या ब्राह्मण) का पूर्व-रूप है, वैसे ही जैसे मूर्ति का पूर्व-रूप अनगढ़ पत्थर। और मैं अपनी अनगढ़ता को गर्व से देखता हूँ, इसलिए कि जब तक अनगढ़ हूँ तभी तक विश्वविराट् की मूर्तियों की सम्भावनाएँ मुझमें सुरक्षित हैं। गढ़ा गया नहीं कि एकरूपता, जड़ता गले पड़ी। श्रीकृष्ण की मूर्ति का पत्थर श्रीकृष्ण ही की मूर्तिभावना का प्रतीक रह जाता है। उसे राधा बनाना असम्भव है। सो, लो ! मैं ऐसा अनगढ़ पत्थर जिसमें रूप नहीं, रेखा नहीं। और न ही विकट-विकट भविष्य में कुछ बनता-बनाता ही दिखाई देता है। फिर भी, मैं परम सन्तुष्ट इस कल्पना-मात्र से कि मुझे कोई एक बड़ा-से-बड़ा रूप नहीं

मिला तो बला से मेरी, मैं अपनी अनगढ़ता से ही खुश हूँ। यह अनगढ़ता जब तक है तब तक कोई भी यानी सभी रूप मुझमें हैं। ख़ैर, इन बातों में क्या धरा है ! मैं यह कहना चाहता था कि आज भी, मैं निस्संकोच शूद्र हूँ और ब्राह्मणों के घर में पैदा होने के सबब—साधारण नहीं—असाधारण शूद्र हूँ। ब्राह्मण-ब्राह्मणी से मुझे शूद्र-शूद्राणी अधिक आकर्षक, अपने अंग के, मालूम पड़ते हैं। यहाँ तक कि आज भी जब मैं खानाबदोशों, बंजारों, जिप्सियों का गन्दगी, जवानी, जादू और मूर्खता से भरा गिरोह देखता हूँ तब मेरा मन करता है कि ललककर उन्हीं में लीन हो जाऊँ, विलीन। उन्हीं के साथ आवारा घूमूँ-फिरूँ, किसी हरजाई, आवारा, बंजारन युवती के मादक मोह में—नगर-नगर, शहर-शहर, दर-दर—छुरी, छुरे, मूँगे, कस्तूरी मग के नाफ़े, शिलाजीत बेचता।

मेरा ख़याल है अक्षरारम्भ से पहले ही मेरे कान में 'वेश्या' या 'रण्डी' शब्द पड़ चुका था। मैं पाँच-ही-छह साल का रहा होऊँगा जब मेरे घर में मिर्ज़ापुर की एक टकैल वेश्या का प्रवेश हुआ था। पुरुष-वेश में चूड़ीदार चपकन और पगड़ी पहनकर वह बाहरवाली कोठरी में रात में आई और तब तक रही जब तक मेरे चाचाजी हाथ में खड़ाऊँ लेकर उसे मारने को झपटे नहीं—यथायोग्य दुर्वचन सुनाते हुए। मुहल्ले के आधे दर्जन मनचले ब्राह्मण युवक उस वेश्या से मिलने मेरे यहाँ आ जमते थे। मकान के अन्दर की ब्राह्मणियाँ मेरी माँ और भाभी किंकर्तव्यविमूढ़ा हो गई थीं। भाभी तो रोने भी लगी थी। पर ये कुलीन औरतें मुखर विरोध करने में असमर्थ थीं, इसलिए कि मेरे उन्मत्त भाई साहब एक ही लाठी से

दोनों ही को हाँकने में कोई ग्लानि या हानि नहीं समझते थे। वैसे वह मन्द जमावड़ा मेरे घर हुआ था, लेकिन हमप्याले लोग पड़ोसी ही थे। नेता (यानी मेरे पिता) के उठ जाने से मेरे घर में अखण्ड अराजकता थी। लेकिन वश चलता और मज़बूत सरपरस्तों का शासन न होता, तो दूसरे यार भी अपने घरों में वेश्या को टिकाकर सुरा-सुन्दरी-स्वाद लेने से बाज़ न आते। पाप पर मोहित सभी थे। सभी थे तत्त्वतः धर्म से विरहित। जुआ तो प्रायः मुहल्ले के किसी भी घर में खिलाया जाता था, जिससे उस घर के किसी-न-किसी प्राणी को नाल के रूप में एक-दो रुपए भी मिल जाते थे। मेरे घर में जुआ अक्सर हुआ करता। अक्सर जुए से जब नाल की रकम वसूल होती तब मेरे घर में भोजन की व्यवस्था होती थी; आटा, चावल, दाल और नमक आता था। मेरी माँ और भाभी को मकान के पिछले खण्ड में क़ैद कर मेरा भाई बिचले खण्ड में जुए का फड़ डालता, जिसमें मुहल्ले, कस्बा और आसपास के गाँवों के भी शातिर जुआरी जुड़ते। चरस और गाँजे की चिलमें लपलपातीं; ब्यौड़ा यानी विकट देसी दारू की दुर्गन्धमयी बोतलें खुलतीं। जब भी मेरे घर में जुआ जमता, भाई की आज्ञा से दरवाज़े पर बैठकर मैं गली के दोनों नाके ताड़ता रहता कि पुलिसवाले तो नहीं आ रहे हैं। ज़रूर इस ड्यूटी के बदले पैसा-दो पैसा मुझे भी किसी परिचित जुआरी से मिलता रहा होगा। जुए की इस ज़बरदस्त जकड़ में मेरा भाई इस क़दर पड़ गया था कि भाभी के सारे गहने बिक गए या अन्त में बिक जाने के लिए गिरवी रख दिए गए। फिर मेरी माँ के गहनों की बारी आई। जिसने

अपना संचय सौंपने में ज़रा भी हिचक दिखलाई उसे भाई साहब ने जूतों, थप्पड़ों, घूसों, लातों से घूरा—अक्सर गाँजा-चरस या शराब के नशे में। यों तो भाई मुझे भी मारता-पीटता था, बेसबब, बहुत बुरी तरह, अक्सर, लेकिन वह जब मेरी माँ को मारता और वह अनाथा विवशा रोती-घिघियाती (लड़का अपना ही था, अतः खुलकर रो-घिघिया भी नहीं सकती थी) तब भाई का आचरण मुझे बहुत ही बुरा मालूम पड़ता था। पर मैं कर ही क्या सकता था ! चार-पाँच साल का बालक ! उसके सिर पर घर की सरदारी पगड़ी बाँधी गई थी। परिवार का नेता था वह। अन्नदाता था वह। सो, मेरी भाभी-आई के गहने जब जुआ-यज्ञ में स्वाहा हो गए तब घर के बरतन-भाँडों की शामत आई। जितने भी काम या दाम लायक बरतन थे, या तो अड़ोसी-पड़ोसी के घर गिरों धरे गए या पाँच रुपए की वस्तु रुपया-दो रुपया में बरबाद की गई। इसके बाद ब्राह्मण के घर में जो दो-चार धर्म ग्रन्थ थे—भागवत, गरुड़पुराण, रामायण, गीता—मेरे भाई ने एक-एक को दोनों हाथों से बेचकर प्राप्त रक़म को या तो जुआ में अथवा गाँजा-चरस के धुआँ में उड़ा दिया। इसके बाद दो-चार बीघे दान-दक्षिणा में मिले जो खेत थे उनकी नौबत आई। खेतों को भी बन्धक या भोगबन्धक रखकर भाई साहब ने रुपए उतारे और उनका दुरुपयोग निस्संकोच भाव से किया। और कर्ज़ और कर्ज़ और कर्ज़ ! भाई के राज में परिवार ने जब जो भी पाया खाया कर्ज़ा।

उन्हीं दिनों, एक दिन, छापा मारकर चुनार की पुलिस ने सद्दूपुर मुहल्ले के जुआरियों और उनके

संगियों को रँगे हाथ गिरफ्तार कर लिया था। जुआ उस दिन मेरे घर में नहीं, मेरे घर के पिछवाड़े अलगू नामक कुम्हार के घर में हो रहा था। उस दिन मेरे भाई साहब जुए में शामिल नहीं थे, एक दोस्त की बैठक में उपन्यास पढ़ रहे थे। लेकिन पुलिस-छापे के ठीक पहले अलगू के घर वह सूचना देने गए थे कहीं से खबर-सूराग पाकर कि भागो, पुलिस आ रही है, कि पुलिसवाले आ ही धमके ! शायद सबसे पहले मेरे भाई साहब ही पुलिस की पकड़ में आए थे। गिरफ्तार दर्जन-भर जुआरी हुए होंगे। फिर भी, कई जान लेकर जूते छोड़कर भाग गए। उन जूतों की लम्बी माला अलगू कुम्हार से ही तैयार कराने के बाद उसी के गले में डालकर, जुलूस बनाकर जब पुलिसवाले राजपथ से जुआ़रियों को हवालात की तरफ़ ले चले तो बन्धुओं में मेरा भाई भी था। उस भयकारी जुलूस के पीछे काफ़ी दूर तक अपने भाई या अन्नदाता के लिए रोता हुआ मैं भी गया था। फिर घर लौटने पर देखा आई और भाभी रो रही थीं। काफ़ी दिनों मिर्ज़ापुर में केस चलने के बाद उस मामले में भाई को पचास रुपए जुरमाना हुआ।

और चुनार में रहने का अब कोई तरीका बच नहीं रहा। और कर्ज़दाताओं से बेइज्ज़त होने का प्रसंग पगे-पगे प्रस्तुत होने लगा। और घर में अबलाएँ और बच्चे दाने-दाने के मोहताज हो गए। तब और तभी मेरे बड़े भाई को देस छोड़ परदेस जाने और कमाने की सूझी। फलतः वह पहले काशी और बाद में अयोध्या की रामलीला मंडलियों में एक्टिंग करने लगे। तनख़ाह पाते थे दोनों वक्त फ्री भोजन और तीस रुपए मासिक। इन

रुपयों में से दस-पाँच अक्सर वह चुनार भी भेजते थे। पर चुनार में अक्सर चूहे डंड ही पेला करते थे, या जजमानी से भिक्षा मिल जाती थी, या मेरी आई किसी की मजूरी कर कूट-पीसकर लाती थी। बड़ी मुश्किलों से सुबह खाना मिलता तो शाम को नहीं, शाम मिलता तो सबेरे नहीं। जहाँ भोजन-वस्त्र के लाले वहाँ शिक्षा-दीक्षा की क्या हालत रही होगी, सहज ही अनुमान लगाया जा सकता है। शिक्षा-दीक्षा दूर, मेरे सामने तो आँखें खोलते ही जीवन-ग्रन्थ का जो पृष्ठ पड़ा वह शिक्षा-दीक्षा को चौपट करनेवाला था। जीवन को स्वर्ग और नरक दोनों ही का सम्मिश्रण कहा जाए तो मैंने नरक के आकर्षक सिरे से जीवन-दर्शन आरम्भ किया और बहुत देर, बहुत दूर, तक उसी राह चलता रहा। इस बीच में स्वर्ग की केवल सुनता ही रहा मैं। मेरी कोशिश सही न होगी, स्वर्ग जीवन में मुझे कहीं नज़र आया नहीं। और नरक की तलाश में किसी भी दिशा में दूर तक नज़र भटकाने की ज़रूरत ही नहीं पड़ी। सो, समय पर न मिले तो स्वर्ग के लिए भी कौन प्रतीक्षा करे ! नरक लाख बुरा बदनाम हो, लेकिन अपना तो जीवन-संगी बन चुका है, सहज हो गया है, रास आ गया है। डालडा खाते-खाते जैसे शुद्ध घृत की सुध-बुध भी समाप्त हो जाती है, पहचान-परख तक भूल जाती है, वैसे ही लगातार सुलभ होने से नरक भी धीरे-धीरे परिचित, प्रिय, प्रियवर यानी प्रियतम हो जाता है। ग़ालिब ने अपने ढंग से कहा है—"क्यों न फिरदौस को दोज़ख़ से मिला दें या रब ! सैर के वास्ते थोड़ी-सी फ़िजा और सही।" जब मेरे पिता जीवित थे तभी न जाने कैसे मेरे दोनों बड़े भाइयों को रामलीला

में पार्ट करने का चस्का लग गया था। ये किशोरावस्था ही में ऐसे बेकहे हो गए थे कि कुल और पिता को धता बताकर चुनार से मिर्ज़ापुर भागकर रामलीला में राम-लक्ष्मण का अभिनय करने लगे। क्रोध और भविष्य के भय से काँपते हुए पिता, जब मिर्ज़ापुर पहुँचे तो क्या देखते हैं कि दोनों सपूत राम-लक्ष्मण बने रंगमंच पर शोभायमान हैं। कहते हैं वह दृश्य पिता से देखा न गया। जनता को भूल, स्टेज पर झपट लौंडों के माथे से मुकुट-किरीटादि नोच-फेंक वहीं से उन्हें झपड़ियाते भूले बछड़ों की तरह बाँधकर चुनार ले आए थे। पिता के देहान्त के बाद चुनार की विजयदशमीवाली लीला में, अक्सर वह कोई-न-कोई पार्ट ही 'प्ले' किया करते थे। चुनार ही में एक-दो बार सीता बनाकर मुझे भी बड़े भाई ने इस घाट पर उतार रखा था। जब वह अयोध्या की रामलीला-मण्डली में थे तब मुझे उन्होंने बनारस की एक लीला-मण्डली में अपने किसी खत्री मित्र के हवाले कर रखा था। तब मैं आठ साल का रहा होऊँगा या नौ का। ज़ुल्फ़ों में तीन-तीन फूल-चिड़ी बनाता था। काफ़ी तेल लगाने के बाद बालों में सस्ती वेसलिन भी लगाता था। वह वेसलिन, जिसकी गन्ध पिला हाउस (बम्बई) या सरकटा गली (कलकत्ता) की सस्ती वेश्याओं के अंग से आती है। कुछ ही दिनों बाद भाई साहब ने बनारस वालों की मण्डली से मुझे भी साधुओं की रामलीला-मण्डली में बुला लिया था। भाई साहब की नज़र में मेरे उनके संग रहने में अनेक फ़ायदे थे। पहले तो घर में कोई शरारती नहीं रहेगा, दूसरे उनकी निगरानी में रामलीलावालों की बुरी हवा से मैं बचूँगा, तीसरे 'ब्वॉय सरवेंट' चौबीस

घण्टे हाज़िर—बिला तनख़ाह। ऊपर से रामलीला में लक्ष्मण और जानकी बनकर आठ-दस रुपए मासिक कमा देनेवाला। उन दिनों रामलीला के निश्चित पार्टों के संवाद बाज़बान करने के अलावा भाई का एक मित्र वैरागी पखावजी मुझे ताल और स्वर यानी पक्के रंग के संगीत की शिक्षा भी दिया करता था। उन्हीं दिनों नाचना नहीं, तो नाचने की चुस्ती से चंचल चरण चलाना, ठुमुकना, थिरकना, बल खाना वग़ैरह भी मुझे सिखलाया गया था। छुटपन में मेरी शिक्षा बिलकुल आरम्भिक क ख ग दरजों तक हुई थी। अभी थोड़ा ही बहुत अक्षर-शब्द-ज्ञान हो पाया था कि मुझे ऐसा लगा कि यह पढ़ना-पढ़ाना मेरे बलबूते की बात नहीं है। मगर इससे गला छूटे तो कैसे ? सुना था हनुमानचालीसा का पाठ करने से सारे दुख दूर, मसले स्वयमेव हल हो जाते हैं। लेकिन हनुमानचालीसा मेरे पास कहाँ ! साथ ही पास में 'पीसा' कहाँ कि हनुमानचालीसा ख़रीदा जा सके ! मैं जिस दरजे में पढ़ता था उसी में एक काला-सा लड़का था किसी छोटी जाति का। वह अपने बस्ते में रोज़ हनुमानचालीसा की एक प्रति ले आता था। और मैं ललचाकर, तड़पकर रह जाता था उस दो पैसे की विख्यात पुस्तक के लिए। अन्त में मैंने चोरी करने का निश्चय किया। मैं ऊँच लड़का, वह नीच, लेकिन मैंने उसकी हनुमानचालीसा चुरा ली और बड़े चाव से मैं उसका पाठ करने लगा। मुझमें जो ब्राह्मण है वह आज भी यही सोचता है कि वह हनुमानचालीसा ही का प्रभाव था कि स्कूली शिक्षा से हटाकर मुझे रामलीला-मण्डली में डटाया गया। वहाँ पर मेरा परिचय श्रीरामचरितमानस

से होना ही था, क्योंकि मैं जानकी, लक्ष्मण और भरत तक का पार्ट किया करता था। रामलीला-मण्डलियों ही में मैंने सुलझे साधुओं के व्रत और निष्ठापूर्वक नवरात्रियों के नौ दिनों में रामायण का पाठ होते देखा। सुना, ऐसे पाठ के फल अनन्त। सो, मैंने नौ-दस-ग्यारह की वय में सामर्थ्यानुसार श्रद्धा-भक्ति से रामायण के नवाह्न पाठ किए। एक नहीं, अनेक। इन लीला-धारियों की मण्डली में फुरसत के अवसरों में लोग अन्त्याक्षरी-सम्मेलन भी अक्सर किया करते थे, जिनमें ज़्यादातर तुलसीकृत रामायण से ही उदाहरण दिए जाते थे। इन सम्मेलनों से भी मुझे रामायण का स्पर्श अधिकाधिक होने लगा था। उन दिनों रामायण के विविध अंश मेरे कंठाग्र, जिह्वाग्र रहा करते थे। और उन दिनों रामलीला में अभिनेता संवाद कैसे रहते थे ? पहले रामायणी चौपाई या दोहा अर्ध-स्वर में सुनाता, फिर अभिनेता उसका (रटा या ज्ञात) अर्थ जनता को सुना देता था। रामायणी कहता—देवि, पूजि पद-कमल तुम्हारे, सुर-नर-मुनि सब होहिं सुखारे। तब सीताजी कहतीं—हे देवि ! तुम्हारे सर्व-पूज्य पद-कमलों को पूज-पूजकर सुर, नर और मुनि सभी सुख पाते हैं। संवाद की इस विधि में अक्सर अभिनय और उसके प्रभाव का ख़ून हो जाता था, पर जो जनता लीला देखने आती थी वह रामलीला को थिएटर न समझ किसी भी भाव, भाषा या भेस में भगवान्-भगवती की भावना मात्र से प्रभावित होनेवाली होती थी। एक बार कहीं भरत का पार्ट करनेवाला हमारा संगी बीमार पड़ गया। अब मुश्किल यह सामने आई कि भरत का कठोर काम करे तो कौन ? इस पर

मेरे बड़े भाई ने मण्डली के मालिक महन्त को वचन दिया कि वह चिन्ता न करें, भरत का काम बेचन कर लेगा। मुझसे उन्होंने गाँजे के नशे में चूर आँखें दिखाकर कहा—भरत के काम में ज़रा भी भूल की तो याद रहे, लीला-भूमि से ही पीटते-पीटते तुझे डेरे पर ले चलूँगा। उनसे पिटने का मुझे इतना डर था कि भरत तो भरत, वह धमकाता तो मैं कमसिनी भूल दशरथ का पार्ट भी अदा करके रख देता, रावण का भी ! उस दिन राम के वन-गमन के बाद ननिहाल से बेहाल लौटे भावुक भाई भरत का संवाद था कौशल्या के आगे। वसिष्ठ की सभा में परम साधु बड़े भाई के मोह में भरत को रोते चित्रित किया है तुलसीदासजी ने। मुझे रोना आया था बड़े भाई के क्रूर भय से। और मैंने बहुत सावधानी से भरत का अभिनय किया। रामायण मुझे याद ही थी, सो बिना रामायणी का मुख देखे संवाद की चौपाई-पर-चौपाई, दोहे-पर-दोहे अर्थसहित मैं सुनाता गया। मैं रोता था भाई के भय से, जनता ने समझा भरतजी अभिनय-कला का शिखर छू रहे हैं। खूब ही जमा मेरा काम ! महन्तजी प्रसन्न हो गए और स्टेज ही पर दस रुपए इनाम, तथा एक रुपया महीना तनख़ाह बढ़ने की घोषणा हुई। बधाइयाँ और इनाम के रुपए भाई साहब के पल्ले लगे। पाँव तो उस दिन भी मैं भाई साहब के दाबता रहा तब तक जब तक वह सो नहीं गए—हाँ उस दिन उन्होंने नित्य की तरह, पाँव दबवाते-दबवाते दो-चार लातें नहीं लगाईं कि मैं ठीक से क्यों नहीं दबाता ? कि मैं झपकियाँ क्यों लेता हूँ ?

धरती और धान

"अरे बेचन ! न जाने कौन आया था—उर्दज़ी, उर्दजी, पुकार रहा था !"

ये शब्द मेरी दिवंगता जननी, काशी में जन्मी जयकली के हैं जिन्हें मैं 'आई' पुकारा करता था। यू. पी. में माता या माई को आई शायद ही कोई कहता हो। महाराष्ट्र में तो घर-घर में माता को आई ही सम्बोधित किया जाता है। कैसे मैंने माई को आई माना, आज भी विवरण देना मुमकिन नहीं। लेकिन बम्बई जाने पर जब लक्ष-लक्ष महाराष्ट्रियों के मुँह से 'आई' सुना तो मेरे आन्तरिक हर्ष की सीमा न रही। जो हो। मैं यह कहना चाहता था कि मेरी जननी इस क़दर अनपढ़ थीं कि जो सार्थकता उन्हें 'उर्द'जी में मिलती थी वह 'उग्र'जी में नहीं। बिलकुल नहीं। उनसे जब मैंने अपने जन्म के समय के बारे में पूछा तो उन्होंने बतलाया कि पौष शुक्ल अष्टमी की रात में जब तुम्हारे पिता बिहारीसाहु के मन्दिर से पूजा करके लौटे थे तब तुम पैदा हो चुके थे। दूसरा पता उन्होंने यह दिया कि तुम्हारी बारही के दिन मातादयाल का जन्म हुआ था। यह मातादयाल मेरे भतीजे थे। पिता दिवंगत बैजनाथ पाँडे चुनार के ख़ासे धनिक वणिक बिहारीसाहु के राममंदिर में वैतनिक पुजारी थे। वेतन था रुपए पाँच माहवार। साथ ही चुनार

में जजमानी-वृत्ति भी पर्याप्त थी। उन्हीं में एक जजमान बहुत बड़ा ज़मींदार था जिसके मरने के बाद उसके दोनों पुत्रों में सम्पत्ति के लिए घोर अदालती संघर्ष हुआ। उसी मुक़दमे में ज़मींदार के बड़े लड़के ने कुल-पुरोहित की हैसियत से मेरे पिता का नाम भी गवाहों में लिखा दिया था, गोकि उन्होंने भाई के द्वन्द्व में पड़ने से बारहा इन्कार किया था। नए ज़मींदार ने मेरे पिता को प्रलोभन भी 'प्रापर' दिए। लेकिन वह भद्रभाव से अस्वीकार ही करते रहे कि समन आ धमका। लाचार अदालत में हाज़िर तो वह हुए, पर पुकार होते ही उन्होंने कोर्ट से साफ़-साफ़ कह दिया कि उन्हें माफ़ करे कोर्ट, उनकी गवाही उस पार्टी के विरुद्ध पड़ सकती है जिसने गवाह बनाकर उन्हें अदालत के सामने पेश कराया है। तब तो आपकी गवाही ज़रूर होनी चाहिए, अदालत ने आग्रह किया—और गवाही हुई। कहते हैं उसी गवाही पर कोर्ट का सारा फ़ैसला आधारित रहा। बड़ा भाई हार गया। वही जिसने मेरे पिता को गवाह बनाया था। जीत छोटे भाई की हुई। इस सबमें पिता के पल्ले सिवाय सत्य के और कुछ भी नहीं पड़ा। घर की बुढ़िया इसके लिए बैजनाथ पाँडे को बराबर गर्व से कोसती रही, कि उसने ज़रा भी टेढ़ी-मेढ़ी बात न कर खरे सच के पीछे एक अच्छी ज़मींदारी हाथ से खो दी। चुनार में बैजनाथ पाँडे की जजमानी थोड़ी ही थी। निकटस्थ जलालपुर माफ़ी गाँव में ज़मीन भी चन्द बीघे थी जो—और कुछ नहीं तो—साल का खाने-भर अनाज और पशुओं के लिए भुस पर्याप्त दे सकती थी। बस इतने में ही बैजनाथ पाँडे अपने कुनबे का ख़र्च अपने दायरे में मज़े में चला लेते थे—यहाँ तक

मज़े में कि सारी ज़िन्दगी बिहारीसाहु के मन्दिर में वेतन-भोगी पुजारी रहे, पर वेतन लिया कभी नहीं—और मर भी गए। बैजनाथ पाँडे संस्कृत के साधारण जानकार, जजमानी विद्या-निपुण, साथ ही गीता के परम-भक्त, शैव परिवार में पैदा होकर भी वैष्णव प्रभाव, भाव-सम्पन्न थे। कहते हैं बैजनाथ पाँडे सम्यक् चरित्रवान, सुदर्शन और सत्यवादी थे। कहते हैं वह चालीस वर्ष ही की उम्र में बैकुण्ठ-बिहारी के प्यारे हो गए थे। कहते हैं इतनी ही उम्र में वह बारह बच्चों के जनक बन चुके थे। मेरे कहने का मतलब यह कि बैजनाथ पाँडे अच्छे तो थे—बहुत—लेकिन अन-बैलेन्स्ड भी कम नहीं थे। सो उन्हें क्षय-रोग हुआ, जिससे असमय में ही उनके जीवन-स्रोत का क्षय हो गया। कहते हैं क्षय में बकरे की सन्निकटता, बकरी का दूध, उसी के मांस का स्वरस बहुत लाभदायक होते हैं। हमारा परिवार शाक्त, हम छिपकर मांसादि ग्रहण करनेवाले, फिर भी बैजनाथ पाँडे ने प्राणों के लिए अवैष्णवी उपाय अपनाना अस्वीकृत कर दिया। अपने पिता की एक झलक-मात्र मेरी आँखों में है। मन्दिर से आकर ब्राह्मण-वेश में किसी ने मेरे मुँह में एक आचमनी गंगाजल डाल दिया, जिसमें बताशे घुले हुए थे। मैं माँ की गोद में था। उसने बतलाया, चरणामृत है बेटे ! कितना मीठा ! मैंने अपने पिता को बुरी तरह बीमार देखा, घर में चारों ओर निराशा !...पिता का मरना... आई का पछाड़ खा-खाकर रोना मुझे मज़े में याद है। यद्यपि तब मैं बहुत छोटा, रोगीला, बेदम-जैसा बालक था। जब मेरे पिता का देहान्त हुआ मैं महज़ दो साल

और छह महीनों का था। यानी मैंने जब ज़रा ही आँखें खोलकर दुनिया को देखा तो मेरा कोई सरपरस्त नहीं ! प्रायः जन्मजात अनाथ—ऐसा—जिस पर किसी का भी वरदहस्त नहीं रहा। पिता भाई-बहन मिलाकर हम चार जने, भाभी और माता को अनाथ कर दिवंगत हुए थे। बहन बड़ी और ब्याहता थी, फिर भी घर में खाने को थे आधा दर्जन मुख और कमानेवाला हाथ एक भी नहीं था। खेतीबाड़ी इतनी ही थी कि कर्त्ता ही उससे जीवन-यापन कर सकता था। इधर मेरे दोनों भाई रामलीला करने पर आमादा थे। कलिकाल विकराल आ रहा था—भागा-भागा; सनातन धर्म, कर्मकाण्ड, वर्ण-व्यवस्था, सारे-का-सारा मण्डल जा रहा था भागा-भागा। धर्म का लोप हो रहा था। परिवार टूट रहा था। अर्थ-टका-युग का उदय हो रहा था। जब पिता का देहान्त हुआ मेरा बड़ा भाई बाईस वर्ष का रहा होगा। उसका विवाह हो चुका था। मेरी भाभी घर पर ही थीं। मझला भाई सोलह-सत्रह साल का रहा होगा, जो पिता-मरण के कुछ ही दिन के अन्दर बड़े भाई और भाभी से लड़कर घर से अयोध्या भाग गया और साधु बनकर रामलीला-मंडलियों में अभिनय करने लगा था। तब मैं चार साल का था। सारे तन में पेट परम प्रधान। मेरे देह में वह रोग था जिसमें आयुर्वेदीय चिकित्सक लोहे की भस्म या मंडूर खिलाते हैं। मेरी आई के मरे और जीवित अनेक बच्चे थे, पर चाची के एक कन्या के अलावा कोई भी जीवित न था। सो, उनके मन में पुत्र का मोह था। दोनों घरों में सबसे छोटा बालक मैं ही था। चाची मेरी आई से तो कसकर झगड़ती थीं,

लेकिन मुझे उनका वात्सल्य प्राप्त था। पाते ही प्यार से, पुचकार से वह मुझे कुछ-न-कुछ खाने को देतीं। लेकिन इसका पता लगते ही मेरी आई धरित्री पर बैठ पसारे हुए पाँवों पर मुझे पट लिटा, देवरानी को दिखा-दिखा, सुना-सुनाकर धमार की धुन में धमकती थीं। एक तो ब्राह्मण क्रोधी होता ही है, दूसरे हम परम क्रोधी कौशिक यानी विश्वामित्र के गोत्रवाले, तीसरे मेरी आई अनायास ही भयानक क्रोध करनेवाली थीं। मैं सोलह साल का हो गया था तब भी वह मुझे मारने को ललकती थीं। एक बार तो अनेक झाड़ू उन्होंने मुझ पर झाड़ भी डाले थे। मझले भाई श्रीचरण पाँडे तो क्रोधी नहीं थे, लेकिन उमाचरण और बेचन अपने-अपने समय में परम क्रोधी व्यक्ति बने। हम सबमें माता के स्वभाव का प्रभाव ख़ासा था। लेकिन क्रोध माता करे या पिता, पति करे या पत्नी, बालक करे या युवा, होता है—पाप का मूल। 'जेहि बस जन अनुचित करहिं चरहिं विश्व प्रतिकूल'। सो, माता के क्रोध का कुफल माता को मिला, भ्राता के क्रोध का भ्राता को। खुद बेचन पाँडे को क्रोध का कुफल जो मिला उसे मैं ही जानता हूँ और अच्छा करता हूँ कि डायरी नहीं लिखता वरना दुनिया जानती। अपने बारे में दुनिया को क्या जनाना चाहिए क्या नहीं, इसी का नुस्ख़ा 'विनय' में गोस्वामीजी ने खूब बतलाया है। 'किये सहित सनेह जे अघ, हृदय राखे चोरि, संग बस किए शुभ, सुनाए सकल लोक निहोरि।' यानी परम प्रेमपूर्वक किए हुए प्रचंड पापों को तो हृदय की अन्ध कोठरी में छिपा रखना, लेकिन किसी दूसरे के संग में होने के कारण भी कोई भला काम बन पड़ा हो

तो उसका ढोल मूसलों पीटना। चार सौ वर्ष पूर्व ही जैसा महाकवि ने बीसवीं सदी का उत्तर का ख़ाक़ा खींचकर रख दिया हो। मेरी आई परम क्रोधिनी थीं, साथ ही परम भोली। जब भी उन्होंने किसी बेटे को रुपया भुनाने को दिया होगा, बेटे ने साढ़े पन्द्रह आने ही लौटाए होंगे। इस पर दूसरे बेटे ने कहा होगा—माँ, बड़े ने पैसे ग़लत तो नहीं गिने ? ला तो, फिर से गिन दूँ। और फिर से गिनने में वह साढ़े पन्द्रह आने की जगह पन्द्रह आने ही को सोलह बतला माँ को दे देता। और वह रख लेतीं। वह परिश्रमी भी ज़बरदस्त थीं। हमारे लम्बे-चौड़े दरिद्र कच्चे घर को होली-दिवाली पर वह अकेले ही कछाड़ बाँधकर पोतनी या पीली मिट्टी से दिव्य कर देती थीं। फटे-पुराने कपड़ों की कंथा बहुत अच्छी तो नहीं, फिर भी ऐसी सी देती थीं जिसे सरदी के दिनों में वरदान की तरह लोग ओढ़ते-बिछाते थे। काग़ज़ गला पल्प बना उसकी भद्दी टोकरियाँ बना लेती थीं। सींक के पंखे तो ख़ासे बना लेती थीं। ब्याह-गौना, कथा वगैरह में सामयिक गीत गानेवालियों में वह आगे ही रहना चाहती थीं। मेरा भाई जब परदेश होता और घर में भूनी भाँग भी न होती, तब आई मुहल्ले-टोले से मन-आध मन गेहूँ ले आतीं; एक निहायत करुण गीत गाती-गाती मेरी तरुणी भाभी के साथ उसे पीसतीं। तब कुछ पैसे मिलते, तब हमारे घर चूल्हा चेतता, मुँह निवाले लगते। मैं खुश हो चहकने लगता और आई कहावत सुनाकर खुश हो जातीं—'पेट में पड़ा चारा, तो नाचे लगा बेचारा !'

चुनार

रामचन्द्र भगवान् सरयू नदी के किनारे पैदा हुए थे, मैं पैदा हुआ गंगा सुरसरि के किनारे। मुझे सरयू उतनी अच्छी नहीं लगतीं जितनी नर, नाग, विबुध बन्दनी गंगा। रामचन्द्र भगवान् अयोध्या नगरी में पैदा हुए थे, जो पवित्र तीर्थ मानी जाती है। मैं चुनार में पैदा हुआ, जो काशी के कलेजे और गंगातट पर होकर भी त्रिशंकु की साया में होने से तीर्थ नहीं है। इतना ही नहीं, तीर्थ का पुण्य हरण करनेवाला भी है। फिर भी, चुनार मुझे तीर्थ और अयोध्या और साकेत से भी अधिक प्रिय है। यह अपनी जन्म-भूमि चुनार के बारे में पाण्डेय बेचन शर्मा 'उग्र' की राय है। अपनी जन्मभूमि अयोध्या के बारे में रामचन्द्र भगवान् मर्यादा पुरुषोत्तम की राय थी—'पावन पुरी रुचिर यह देसा, जद्यपि सब बैकुंठ बखाना, बेद पुरान विदित जग जाना। अवधपुरी सम प्रिय नहिं सोउ।' फिर मैं क्यों न कहूँ कि मुझे चुनार जितना प्रिय है उतनी अयोध्या नहीं ? राम-भजिए अपने राम को अपने राम जितने पसन्द हैं उतने मर्यादा पुरुषोत्तम राम यानी रघुपति राघव राजाराम भी नहीं।

वाजि, रथ, कुंजरोंवाले महाराज दशरथ के काल में अयोध्या कुछ और ही थी—अमरावती से भी बढ़ी-चढ़ी नगरी। उसका वर्णन वाल्मीकि रामायण में पढ़िए और

वर्तमान अयोध्या को जाकर देखिए। वैसे ही जैसे मेरे लकड़दादे ने घी खाया, मेरे हाथ सूँघिए। न कहीं साकेत, न कहीं स्वर्ग। चतुर्दिक् सघन रज तमस तक। मुझे तो सरयू भी मटमैली, रजस्वला, नज़र आती है।

कुजा अयोध्या, कुजा चुनार। अयोध्या तीर्थ, चुनार तीर्थ-तेज को नष्ट करनेवाला। अयोध्या में सम्राट्, चक्रवर्ती, अवतारी, लीलाधारी लाख हुए हों, लेकिन वह पुरी प्रकृति की उस प्रफुल्ल कृपा, वरदान से बिलकुल विरहित है जो चुनार को अनायास ही प्राप्त है। आप जाइए अयोध्या, भाग आएँगे भाग मनाते। आप आइए चुनार, क्या मजाल कि घंटे-भर के लिए पधारकर कई दिन न ठहर जाएँ!

अयोध्या में कभी हरिश्चन्द्र अज थे, सो अब नहीं रहे। दिलीप थे, रघु थे, भगीरथ थे, सो भी नहीं रहे; इक्ष्वाकु, दशरथ, रामचन्द्र कोई नहीं रहे। एक सरयू है मटमैली फैली, अपने भूत की छाया से भीषण बाधित। असल में अयोध्या आदमी के बनाए बनी हुई थी, भले वे आदमी राम-जैसे शक्तिमान क्यों न रहे हों। वैसे आदमी नहीं रहे तो अयोध्या राँड हो गई। चुनार में आदमी रहें या न रहें, उसे प्रकृत्ति-दत्त शोभा सुलभ है। आदमी आएँगे, आदमी जाएँगे, लेकिन आदमी क्या कोई भी जीव जब चुनार के आगे आएगा तो वह वहाँ कुछ दिन तक बसना, रमना चाहेगा। एक तरफ गंगा : भागीरथी, एक तरफ जरगो विन्ध्य-बालिका, चुनार दोआबा। कंकड़ फेंकिए तो विन्ध्याचल प्रचण्ड पहाड़ के आँगन में गिरे। चुनार विन्ध्याचल का आँगन ही तो है। मीठे जीवनप्रद कुएँ, निर्मल नीरपूर्ण तालाब, बावलियाँ,

बाग, उपवन, वन, सहस्र-सहस्र वर्षों के इतिहासों के चरण-चिह्न चुनार में चतुर्दिक्। रामचन्द्र की अयोध्या में इनमें से एक भी नहीं, बस राम का नाम है।

चुनार से सटी विन्ध्याचल की सुखद घाटियों में पारिजात के, पलाश के, बहेड़े के, महुवे के वन-के-वन। जब शरद ऋतु में सारी घाटी पारिजात-पुष्पों की सुखद सुगंध से भर जाती है, लगता है, यही तो नन्दन-वन है। चुनार इतना रमणीक कि पहले सारे भारत से जो श्रद्धालु तपस्या करने के लिए काशी या प्रयाग पधारते थे, वे तत्वतः तपते थे चुनार या मिर्ज़ापुर-विन्ध्याचल की उपत्यकाओं ही में। कहते हैं किशोर राम ने ताड़का और सुबाहु को चुनार के निकट ही कहीं मारा था। क्रान्तिकारी ब्रह्मर्षि वैत्तानिक विश्वामित्र का सिद्धाश्रम चुनार के निकट ही है। मेरा ख़याल है अयोध्या के आस-पास चुनार-जैसा कोई महामनोरम स्थान नहीं था—राम के ज़माने में भी। तभी ऋषि विश्वामित्र राजा दशरथ से आग्रह करके राम और लक्ष्मण को चुनार दिखलाने को ले गए थे। राम चुनार न गए होते तो शायद ही राम होते, क्योंकि विश्वामित्र ने चुनार ही के आस-पास उन्हें वे विद्याएँ दी थीं—शस्त्रास्त्रों के प्रयोग की शिक्षा, जो सारे जीवन रघुनन्दन के काम आती रहीं। क्या है राम की अयोध्या में ? पुरी कहलाती है बड़ी। अयोध्या में मन्दिर हैं, मूर्तियाँ हैं। यानी पत्थर हैं अयोध्या में। मैं कहता हूँ सारी अयोध्या में जितने गढ़े-गढ़-मन्दिर-मूर्तियाँ हैं, उतनी और ऊपर से उतनी ही और चरणाद्रि (चुनार) की अनगढ़ पार्वतीय विभूति के बाएँ चरण की सबसे छोटी अँगुली के नाख़ून से निकाली

जा सकती हैं।

आपने अयोध्या देखी है ? नहीं ? और चुनार ? वह भी नहीं ? बन्दा तो चुनार ही की मिट्टी है एक ओर, तथा दूसरी ओर किशोरावस्था में, साधुओं की रामलीला-मण्डली में, जानकी बनकर सावन के झूलनोत्सव में अयोध्याजी में झूला भी झूल चुका है। सो, ऊपर चुनार के साथ अयोध्या का नाम फोकट-फीके नहीं लिया गया है। त्रेता में जिस अयोध्या में राम बाम दिसि जानकी विराजा करती थीं, कलिकाल में उसी अयोध्या में, रामलीला में ही सही, कुछ दिनों बेचन पाँडे भी सीताजी बना करते थे। और हज़ार-हज़ार लोग-लुगाइयाँ, हज़ार-हज़ार मेरे किशोर सुकुमार चरणों की धूल आँखों में आँजा करती थीं। सो, जिसकी अपनी जोरू ज़िन्दगी-भर नहीं रही, वह ज़िन्दगी के आरम्भिक वर्षों में ही राम की जोरू बन चुका था। यानी यह जो आज बड़े तीसमारख़ाँ बनते हैं पाण्डेय बेचन शर्मा 'उग्र' दरअसल जोरू हैं राम की। मगर क्या होंगे ! राम की जोरू थे कबीरदासजी :

बालम ! आओ, हमारे गेह रे !
तुम बिनु दुखिया देह रे !
सब कोई कहै तुम्हारी नारी !
मोहि होत सन्देह रे !
एकमेक ह्वै सेज न सोहे
तब लगि कैसा नेह रे ?
... ...
है कोई ऐसा पर-उपकारी
प्रिय सों कहै सुनाय रे !

अब तो बेहाल 'कबीर' भये हैं
बिनु देखे जिय जाय रे !
बालम, आओ हमारे गेह रे !

अयोध्या (जिससे युद्ध न किया जा सके–अजेय) का वर्णन करते हुए आदि कवि ने बतलाया है कि उस वर-नगरी के सभी निवासी धर्मात्मा, बहुश्रुत, अपने-अपने धन से सन्तुष्ट, अ-लालची और सत्य-वक्ता थे। उस नगरी में साधारण विभूतिवाला कोई भी नहीं था, कम परिवार-कुटुम्बवाला कोई नहीं था; ऐसा कोई नहीं था जिसकी मनोकामनाएँ पूर्ण न हो चुकी हों या जिसके पास गाय, घोड़े, धन-धान्य का अभाव हो। उस पुरी में कामी, कापुरुष, क्रूर, कुबुद्धि और नास्तिक चिराग़ लिये ढूँढ़ने पर भी दिखाई नहीं देते थे। वहाँ कोई भी शख़्स कुण्डल, मुकुट और माला बगैर नहीं दीखता था...उस नगरी में असत्यवादी, अविश्वासी और अबहुश्रुत आदमी एक भी नहीं था। न कोई ग़रीब था, न विक्षिप्त; कोई किसी प्रकार से भी दुखी नहीं था। अयोध्या के चारों ओर आठ कोस तक एक-से-एक हाथी-ही-हाथी नज़र आते थे। अतएव उसके नाम का अर्थ होता था–अजेय। इक्ष्वाकुवंशी चक्रवर्ती सम्राट दशरथ की अयोध्या का यह वर्णन आदि कवि के शब्दों में है–बालकाण्ड में। अयोध्या काण्ड के आरम्भ में, रामचन्द्र के युवराजतिलकोत्सव की तैयारी के सिलसिले में भी, महाकवि ने अयोध्या की महत्ता का वर्णन गौरवशाली किया है : जब पुरवासियों ने सुना कि आज ही रामचन्द्र का अभिषेक होनेवाला है तो सब लोग अपना-अपना घर सजाने लगे। धवल मेघ के शिखर की तरह शुभ्र

देवालयों, चौराहों, मार्गों, बागीचों, अटारियों, विविध वस्तु-भरे बाज़ारों, परिवार-भरे भवनों, सभी सभा-भवनों तथा ऊँचे-ऊँचे वृक्षों पर सचिह्न और अचिह्न पताकाएँ फहराई गईं...राज-मार्ग में जहाँ-तहाँ फूल-मालाएँ सजाई गई थीं और सुगन्धित धूप जलाई गई थी। रात्रि के समय रोशनी के लिए गली-कूचों तक में दीपकों के वृक्ष जगमगाए गए थे...इन्द्र की अमरावती पुरी के समान सुन्दर अयोध्यापुरी एकत्रित जन-समुदाय से मुखरित होकर जल-जन्तुओं से पूर्ण समुद्र के जल-जैसी जान पड़ने लगी...मन्थरा ने देखा, चारों ओर अमूल्य ध्वजा-पताकाएँ फहरा रही हैं, रास्ते साफ-सुथरे हैं...चन्दन का छिड़काव चारों तरफ़ हुआ है, स्नान के बाद चन्दनादि लगाए अवधवासी परम प्रसन्न मटरगश्ती कर रहे हैं। ब्राह्मण हाथ में माला और मोदक लिये मंत्रोच्चार कर रहे हैं, सारे-के-सारे देव-स्थान चूने से उज्ज्वल कर दिए गए हैं। साथ ही सभी तरह के गाजे-बाजे बज रहे थे...हाथी-घोड़े हैं, गाय-बैल भी प्रसन्न बोल बोल रहे हैं। प्रमुदित पुरवासी ऊँची ध्वजाएँ फहराते दौड़ रहे हैं।

इतने बड़े उद्धरण का अभिप्राय यह है कि महाकवि ने पुरुष-रचित जिस अयोध्या का वर्णन किया है वह वस्तुतः आज नहीं, त्रेता युग की है। फिर भी, उसकी सफ़ाई, रोशनी, छिड़काव, जनता को तरह-तरह से सुख पहुँचाने का सक्रिय निश्चय आज के कलकत्ता-बम्बई ही नहीं लन्दन-न्यूयार्क के म्यूनिसिपल कॉर्पोरेशनों के आगे आज भी प्रसन्न चुनौती-जैसा है।

अब मेरे चुनार का अहवाल सुनिए। त्रेता नहीं, द्वापर भी नहीं, चुनार की कहानी कलियुग की है। सन्

1905 ई. में चुनार मैंने कैसा पाया था, (तब मैं महज़ पाँच वर्ष का था) उसका वर्णन भी आज पचपन वर्ष बाद कम मनोरंजक नहीं है। तब वह छोटी-सी बस्ती पाँच-सात हज़ार प्राणियों की रही होगी। चुनार में चरण की आकृति की एक पहाड़ी है, जिसका तीन भाग गंगा में है और चौथा धरती की तरफ़। इस पहाड़ी के कारण चुनार का नाम 'चरणाद्रि भी संस्कृज्ञों से सुना था। इसी पहाड़ पर एक परम प्राचीन दुर्ग है। उसका सम्बन्ध द्वापर युग के प्रसिद्ध सम्राट जरासन्ध से जोड़ा जाता है। किले में एक विकराल तहख़ाना है—बड़े विस्तार-अपार अन्धकारवाला। कहते हैं जरासन्ध ने पराजित करने के बाद सोलह हज़ार राजाओं की रानियाँ छीन उन्हें चुनार दुर्ग के तहख़ानों में कैद कर रखा था। फिर, कहते हैं, उज्जयिनी के सम्राट विक्रमादित्य ने अपने राजा भाई भर्तृहरि के लिए इस दुर्ग का पुनरुद्धार कराया था। किले में योगिराज भर्तृहरि की समाधि है। किले के बाहर, दक्षिण तरफ़, पहाड़ी में गंगा-तरंग कल-सीकर-शीतलानि के निकट एक गुहा है। कहते हैं राजर्षि भर्तृहरि उसी में तप-स्वाध्याय-निरत रहते थे। विश्वासी लोग आज भी भर्तृहरि की आत्मा का आवास चुनारगढ़ के आस-पास मानते हैं। इस दुर्ग का इतिहास सर्वथा कौतूहल एवं रहस्यमय है। आल्हा-ऊदल नाम के वीर-बहादुर दोनों भाइयों का कभी इस किले पर क़ब्जा था—विदित बात है। वीर-रस के विख्यात हिन्दी-काव्य आल्हा-रामायण में इन्हीं भाइयों के शौर्य की गाथा है। इस किले से सम्राट हुमायूँ, शेरशाह सूरी, वारेन हेस्टिंग्स, विद्रोही राजा चेतसिंह, पंजाब की महारानी ज़िन्दा, वाजिद अली शाह

का भी सम्बन्ध रहा है। गत द्वितीय महायुद्ध के युद्ध-बन्दियों को ब्रिटिश सरकार इसी किले में रखती थी। सन् '42 के भारतीय महाजागरण के राष्ट्रीय कर्मी भी इसी किले में बन्द रखे गए थे। फिर स्वराज्य होने के बाद बंगाल के पुरुषार्थी चुनार गढ़ में बसाए गए थे। हिंदी के आदि-उपन्यासकार बाबू देवकीनन्दन खत्री के परम प्रसिद्ध उपन्यास 'चन्द्रकान्ता' और 'चन्द्रकान्ता सन्तति' एवं 'भूतनाथ' में इस किले का ऐसा महामोहक वर्णन है कि पढ़नेवाले के हाथ से उपन्यास छूटते नहीं। चुनार दुर्ग के बाहर, पूर्व तरफ़, प्रायः पाव कोस पर, एक आचार्य कूप है। कहते हैं, श्री वल्लभ महाप्रभु जब भारत-भ्रमण को सपरिवार निकले थे तब, चुनार में उनके पुत्र विट्ठल महाराज का अवतार हुआ था। कहते हैं श्री वल्लभाचार्य ने नवजात शिशु उसी कूप को सौंप दिया था कि तब तक वही उसका लालन-पालन करे जब तक प्रभु देश-भ्रमण से लौट नहीं आते। कहते हैं प्रभु वल्लभाचार्य कई वर्ष बाद जब लौटे तब उस कूप ने उनका पूत उन्हें सही-सलामत सौंप दिया, जो अब शिशु नहीं, कई वर्ष का किशोर था। चुनार वल्लभ सम्प्रदायियों के पुण्य तीर्थों में है।

मुस्लिम ज़माने में चुनार के किले में हज़रत मुहम्मद की दाढ़ी का पवित्र बाल भी सादर सुरक्षित रहता था। चुनार के दर्शनीय स्थानों में एक दरगाह भी है—मशहूर मुस्लिम वली हज़रत क़ासिम सुलेमानी की। मेरे छुटपन में दरगाह का मेला हर साल जोरदार होता था, जिसमें बिना भेद-भाव मुसलमान-हिंदू, शहराती-देहाती सभी शामिल होते थे। मेरे बचपन में चुनार की आबादी में

रुपए में पाँच आने मुसलमान थे, जिनमें रईस, साहबेफ़न और नवाबज़ादे भी थे।

उन दिनों किलों की कद्र थी, अतः चुनार में अंग्रेज़ आए। जब मैं पाँच-सात साल का था तब चुनार के किले में गोरा-तोपख़ाना पलटन रहती थी। रहते थे शत-शत अंग्रेज़ सोल्जर्स और आते-जाते रहते थे। चुनार के किले के पीछे एक पुरानी कब्रगाह है जिसमें देखिए तो ब्रिटेन के अनेक स्थानों के प्राणी कब के दफ़नाए दम-ब-खुद पड़े हैं। कब्रों पर उनके नाम-पते पढ़कर ताज्जुब होता है नियति के विलास पर, जो इंग्लैंड की मिट्टी को चुनार में दफ़नाने का विधान करती है। बहुत दिनों तक चुनार में रिटायर्ड गोरे सपरिवार रहा करते थे। 'लोअर लाइंस' नामक अपनी एक बस्ती उन्होंने कालों के कस्बे की पिछली सीमा पर बसा रखी थी। साथ ही, गंगा-तट के निकट बड़े-बड़े पार्क-बँगले बनवाकर उनमें समर्थ अंग्रेज़ अधिकारी या उनके गोरे सम्बन्धी रहा करते थे। ये बँगले नम्बरों से नामी थे, जैसे बँगला नं. 1, नं. 8, नं. 20। सन् 1905 ई. में चुनार की पाँच-सात हज़ार की आबादी के सिरहाने दो-दो गिरजाघर थे। एक परेड ग्राउण्ड की कब्रगाह के पास जर्मन मिशनरियों का रोमन कैथलिक चर्च और दूसरा प्रोटेस्टेण्ट चर्च शहर के बीच में था। ईसाई या अंग्रेज़ों की संख्या शहर में चाहे जितनी रही हो, पर उनका प्रभाव कितना था इसकी सूचना ये चर्च देते थे। मेरे स्वर्गीय पिता जिस मन्दिर में पूजन किया करते थे उसके चबूतरे पर खड़े होकर, पाँच-सात की वय में, मैंने गोरे सोल्जरों के तोपखाने की मार्च मज़े में देखी थी। किले से परेड ग्राउण्ड तक ये गोरे

सिपाही मार्च करते हुए अक्सर जाया करते थे। मैदान में मिलिटरी बैण्डवालों की परेड तो मुझे आज भी भूली नहीं है। कई प्रकार के बाजेवाले, सभी गोरे, ड्रम—ओह ! कितना बड़ा ! इन बैण्डवाले सिपाहियों के बीच में बाघम्बर धारण किए, हाथ में गदा-जैसी कोई वस्तु हिलाता चलता था एक नाटा, गुट्ठल-सचमुच व्याघ्रमुख कोई दैत्य-देही गोरा ! तब चुनारवालों को ये गोरे महाकाल के दामाद दसवें ग्रह-जैसे लगते थे। अक्सर लोग इनकी छाया से भी दूर भागते थे। लोअर लाइन्स से गुज़रनेवाले ग़रीब ग्रामीणों या चुनारियों को ये रिटायर्ड या सिपाही गोरे कारण-अकारण बेंतों से बुरी तरह सिटोह दिया करते थे। औरतें तो लोअर लाइन्स में जाने की हिमाक़त कर ही नहीं सकती थीं। जरगो नदी पार से शहर को विविध वस्तु बेचने आनेवाली अहीरिनों, कोरिनों, चमारिनों, को अक्सर, उन्मत्त गोरे दौड़ा लेते थे, रगड़-सगड़ देते थे पशुरत—रेप ! सो, क्रिश्चियनों के मुहल्ले से कोई भी देसी स्त्री गुज़रने की हिम्मत नहीं करती थी। इस राह के बराबर, दूर के रास्ते, देर के रास्ते से बाज़ार पहुँचती थीं। उन दिनों नित्य ही सद्दूपुर मुहल्ले की बंभनटोली गली से सोल्जर्स, एंग्लो-इण्डियन गोरा-काला पादरी, और वह घोड़ी-सवार मेम विधवा मिसेज़ विल्सन गुज़रती थी। भयभीत कौतूहल से मुहल्ले के हम अधनंगे बच्चे 'साहब, सलाम !' और 'मेम साहब, सलाम !' किया करते थे। मेम साहब घोड़ी की एक तरफ़ बैठी, रोज़ ही बाज़ार लेने स्वयं जाती थीं। वह घोड़ी पर चढ़ी-ही-चढ़ी सारी चीज़ें ख़रीदती थीं। मछली, मुर्गी, मांस, तीतर-बटेर, साग-सब्ज़ी,

ऋतु-फलों का उन दिनों चुनार में ढेर-ही-ढेर लगा रहता था। तब घी रुपया सेर बिकता था। लेकिन घी खाने योग्य पैसे तब अपनी गिरह में थे ही नहीं। घी जब इतना सस्ता था तो अनाज भी तो भूसा-भाव रहा होगा। अनाज, गुड़, खाँड, चीनी सभी पानी के मोल थे, फिर भी, अपने लिए दुर्लभ थे। 'सुरसरि, तीर बिनु नीर दुख पाइहै, सुर-तरु तरे तोहि दारिद सताइहै'—तुलसी बाबा वाली बात हमारे सामने थी। दारिद्र्य में कष्ट होता है यह जानने लायक तो मैं हो गया था, पर दारिद्र्य में अपमान भी कुछ है, मुझे मुतलक पता नहीं था।

चुनार की एक कथा तो मैं भूल ही गया। उन दिनों बंगाल या काशी से एक-से-एक भद्र बंगाली परिवार दो-चार महीने रहकर स्वास्थ्य-लाभ के लिए अक्सर चुनार आते थे। अनेक बंगाली जन तो यत्र-यत्र बँगला या घर बनाकर बस भी गए थे। साल में कम-से-कम आठ महीने ये बंगाली चुनार के हर ख़ाली मकान में किरायेदार बनकर टिकते, जिससे कतिपय लोगों को कुछ आमदनी भी हो जाती थी। चुनार में अक्सर बंगाली संन्यासी या दार्शनिक सानन्द रहा करते थे। उनका वहाँ की जनता पर प्रेमपूर्ण प्रभाव था। एक-दो बंगाली बाबुओं का एलोपैथी दवाख़ाना भी था। एक-दो बंगाली महाशय प्रोफ़ेशनल न होने पर भी होम्योपैथी या आयुर्वेद के अच्छे अभ्यासी थे, जो लोगों का प्रेम से इलाज करने में सुख पाते थे। मगर मुझे बंगाली बन्धु उतने याद नहीं आते, जितने भयंकर, प्रचण्ड प्रतापवाले गोरे और उनके अनेक रिटायर्ड परिवारी। वह आयरिश बूढ़ा मिस्टर क्लार्क जो देहाती मजूरों से अच्छी हिन्दी

बोलता था और बागवानी तथा खेती कराता था। चीते-सी आँखें, हनूमान-सा मुखड़ा। कैसी हिन्दी बोलता वह कि मनोरंजक ! और मिस्टर कूम जो लोअर लाइन्स का जनरल-मर्चेंट था। वे चीज़ें जो कलकत्ता-बम्बई-बनारस-इलाहाबाद ही में मिल सकती थीं, मिस्टर कूम के स्टोर्स में भी होती थीं। मिस्टर कूम रिटायर्ड सेना-अधिकारी थे। उनका बड़ा भारी बँगला लोअर लाइन्स के नाके ही पर था। मिस्टर कूम कुत्तों के बड़े शौकीन थे और जब घूमने निकलते थे तो उनके साथ चार-छह किस्म के कुत्ते ज़रूर होते थे। कूम साहब अक्सर हाथ में गेंद लेकर निकलते। गेंद वह दूर-सुदूर भरपूर ज़ोर से फेंकते कि कुत्ता ले आए और कुत्ता गेंद ले आता साहब। और हम अधगामड़िए छोकरे हैरत से हैरान रह जाते : 'साहब, सलाम !' कूम साहब के स्टोर्स में एक-से-एक शराबें मिलती थीं। उनके बँगले में गोरों के लिए एमर्जेंसी होटल-जैसा था। मिस्टर ओब्रायन नामक एक बूढ़े हथकटे गोरे सिपाही की याद आती है जो नेवीकट दाढ़ी रखता था। चुनार नोटिफ़ाइड एरिया का वह सुप्रिंटेण्डेण्ट था। नगर की सफ़ाई वग़ैरह उसी के चार्ज में थी। उसका एक हाथ बिलकुल कट गया था। कोट की दाहिनी आस्तीन यों ही लटकती रहा करती थी। वह बाएँ हाथ में बेंत लेकर मिलिटरी फुरती से चलता था। किसी भी काले आदमी को गली में बैठकर लघुशंका वग़ैरह करते देखते ही दे बेंत, दे बेंत ! सिटोहकर धर देता। फिर रिपोर्ट, ऊपर से जुर्माने होते थे। मेरी गली में चिंगन तेली पर मिस्टर ओब्रायन का बेंत कई बार बरसा था, क्योंकि चिंगन तेली सरे-राह

बैठकर पेशाब करना अपना जन्मसिद्ध अधिकार मानता था। इस तीखे अंग्रेज़ को देखकर मेरे तो होश फ़ाख्ता हो जाते थे। मैं उससे कम-से-कम बीस गज़ दूर रहने की कोशिश करता था। चिट्टा-गोरा बिलाड़ जैसे सूट पहन ले। दाहना हाथ टूटा। बाएँ में चमड़ा-मढ़ा बेंत। तेज़, चालाक चाल। सपने में जैसे प्रेत ! 'टुटवा साहब' हम उसे सभय पुकारते थे। अपने लिए टुटवा साहब-जैसा हेय प्रयोग सुनते ही कहनेवाले को, ख़ाह वह बूढ़ा हो, जवान या बालक, बिना पकड़े, बिना पीटे, बे-सताये वह छोड़ता नहीं था।

घोड़ी पर सवार गली से बाज़ार गुज़रनेवाली यूरोपियन विधवा मिसेज़ विल्सन का नाम आगे आ चुका है। एक दिन की बात है, मेरे चाचा छत पर बने पूजा-घर में ठाकुर की सेवा के सिलसिले में पूजा-पात्र वग़ैरह धो रहे थे कि मिसेज़ विल्सन अपनी घोड़ी पर छत के निकट से गुज़री। दुर्भाग्य से उसी समय ऊपर से गन्दे पानी की धारा यूरोपियन महिला पर बरस पड़ी। फिर क्या था ! मेम साहब मेरे चचा पर बेहद गरजीं, बरसीं—ब्लडी, डैम-फ़ूल तक आईं। चचा से बरदाश्त नहीं हुआ। वह स्वाभिमानी और अच्छे वैद्य थे। चुनार में उनका आदर-मान था। मेम साहब को डाँट के स्वर में उन्होंने कहा—ख़बरदार, जो बदज़बानी की ! इस पर मेम साहब बकबकाती चलती बनीं। लेकिन दो ही घंटे के भीतर चचा साहब को पुलिस थाने में हाज़िरी देकर विलायती मेम के दबदबे से दबना पड़ा था। बीसवीं सदी के आरम्भ में गोरी सेना, रिटायर्ड अंग्रेज़ और ईसाइयों के सबब वज्र ग्रामीण चुनार का एक भाग बम्बई और

कलकत्ते के किसी स्वच्छ भाग की तरह तत्कालीन आधुनिकता से मण्डित था। नोटिफ़ाइड एरिया की ओर से सारे चुनार में अगर दो सौ लैम्प पोस्ट खड़े किए गए होंगे, तो उनमें से सौ से ऊपर केवल लोअर लाइन्स में लगाए गए होंगे, जहाँ गोरे बसते थे। छोटी बस्ती, सुथरी सड़कें, शान्ति-सुख-निवास की तरह छोटे-छोटे हरे-भरे बँगले, वज़नी और हलके-फुलके फ़रनीचर, फ़ैशनदार परदे, दरियाँ, गलीचे, अच्छी तरह पहन-खा-पीकर लोआपोआ गोरे बच्चे। गुड़ियों की बीबियों-जैसी हाथीदाँत के बने यूरोपियन बालक। गुलेल, तमंचे, बन्दूकें, रैकेट, बैट, फुटबाल, स्टिक। कैसे-कैसे कुत्ते ! पॉकेट डॉग, फॉक्स टेरियर, अल्सेशियन, बुलडॉग। कुत्तों की रखवाली पर नियुक्त नौकर—चमार, भंगी, मेहतर—जिनके तन पर ऐसे साफ़ कपड़े जैसे हमारी बंभनटोली में एक के भी नहीं। मेरी स्थिति तो कुछ पूछिए ही मत। सिवाय मैली, मारकीनी, मुफ्त मिली धोती और एकमात्र कुर्ते के बन्दे के सिर पर तो दो पैसेवाली दुपलिया भी मुहाल न थी। न ही चरणों में चमरौधा ही। पर उक्त स्थिति शिकायतजनक आज मालूम पड़ सकती है। उन दिनों तो घनघोर अभावों में भी मैं दुखी था, ऐसी बात नहीं। बल्कि सुखी ही था। बचपन और यौवन शायद स्वयं में इतने भरपूर होते हैं कि उस आलम में अभाव भी भावों-भरे भासते हैं। असल में अज्ञान में बड़ी गुंजायश होती है। मेरा ज्ञान मेरे गले पड़ा—लिखा कवि 'देव' ने—"याहि ते मैं हरि ज्ञान गँवायो।" गाया गोस्वामी तुलसीदास ने—(यह ज्ञान) "परिहरि हृदय कमल रघुनाथहिं बाहर फिरत बिकल भयो धायो।" ज्ञान सीमित होता है

जब कि अज्ञान की (ईश्वर की तरह) कोई सीमा नहीं। समझिए तो, जीवन में जितना भी सुख है अज्ञान ही के सबब होता है। देखिए तो, जगत् में ज़्यादातर जीवधारी अज्ञानी ही होते हैं। फिर इस ज्ञान की कोई गारण्टी नहीं कि कब अज्ञान न साबित हो जाए। विलोकिये आधुनिकतम विज्ञान की तरफ़। कल तक पृथ्वी ध्रुवों की ओर नारंगी-जैसी चपटी मानी जाती थी, लेकिन अब पता चल रहा है कि विश्वगोलक का नक्शा कुछ और ही तौर का है। पृथ्वी सन्तरे-सी नहीं, सेब-जैसी है। ज्ञान के गिरगिटपन के ऐसे-ऐसे शत-शत उदाहरण सहज ही पेश किए जा सकते हैं। जीवन में मात्र परेशान होने के लिए ज्ञान का जिज्ञासु, मेरे जाने, अपनी आँखें अज्ञान में खोलता है; मूँदता है आँखें अपनी अनन्त अनाश अज्ञान में।

नागा भागवतदास

यह सन् 1910 ई. है। और यह नगर ? इसका नाम है मिण्टगुमरी ! मिण्टगुमरी ? यह नगर कहाँ है रे बाबा ! यह नगर इस समय पश्चिमी पाकिस्तान में है, लेकिन जब की बात लिखी जा रही है तब ब्रिटिश भारत में पंजाब में था। और यह सब क्या है ? यह सब रामलीला की तैयारी है। कई दिन से अयोध्याजी से कोई रामलीला-मण्डली आई हुई है। इस मण्डली ने पहले सरगोधा मण्डी में लीलाएँ दिखलाई थीं, जिससे वहाँ की हिन्दी-पंजाबी-सिख जनता बहुत ही धन्य हुई थी। सरगोधा मण्डी से इस रामलीला-मण्डली की प्रशंसाएँ भक्त दर्शकों से सुनने के बाद मिण्टगुमरी के भक्त दर्शनार्थियों ने वहाँ जाकर सारी मण्डली के किराया-भोजन-भर रकम पेशगी देकर दस दिन में रामलीला दिखलाने के लिए उत्साह, श्रद्धा और आग्रह से अपने यहाँ आमन्त्रित किया था।

ये लीलाधारी जब स्टेशन पर उतरे तभी मिण्टगुमरी के दर्शनार्थियों की भीड़-सी लग गई थी। कितना सामान ! दस बड़े-बड़े काठ के बक्से, बीसियों लोहे के ट्रंक। सबमें रामलीला की आवश्यक वस्तुएँ। लीला-भूमि बनाने का बाँस-बल्ली-पटरे वग़ैरह सामान, समूह-भोजन जिनमें सिद्ध हो सके ऐसे पीतल और ताँबे के बड़े-बड़े

बरतन-भाँडे, टेण्ट-छोलदारियाँ। अयोध्यावासी ये लीलाधारी संख्या में छत्तीस और दस और एक—कुल मिलाकर सैंतालीस थे। छत्तीस थे प्रौढ़ पुरुष, अधिकतर साधु-महात्माओं की ड्रेस में; दो-चार छैल-चिकनियाँ भी जो दूर ही से नाटकीय दीखते थे। दस थे दस से अट्ठारह की वय के बालक और युवक। सारी जमात में मुश्की रंग का आठों गाँव कुम्मैत एक घोड़ा भी था। असल में नागा महन्त भागवतदास महाराज की यह जमात थी पंजाब-भ्रमण पर कटिबद्ध। जमात में विविध पदों के निशानधारी और बेनिशान नागा साधु थे। पंजाबी माताएँ श्रद्धालु होती हैं, प्रदेश धन-धान्य से परिपूर्ण है, यह सब मज़े में जानकर ये साधु लीलाधारी उधर जाते थे और जाकर कभी पछताते नहीं थे। घोड़ा था महन्त भागवतदासजी का। दाढ़ीधारी, छापा-तिलकधारी, उजले वस्त्रधारी महन्तजी आँखों पर चश्मा चढ़ाए, हाथ में बेंत की छोटी चँवरी लिये जब उस घोड़े पर सवारी करते थे, बड़ा चमत्कारी दृश्य उपस्थित हो जाता था। भागवतदास महन्त एक आँख के काने थे। उन्हें बंगड़ वैरागी 'भागवतदास कानियाँ' कहकर मन्द माना करते थे, क्योंकि त्यागी-वैरागी होकर भी भागवतदास पैसा-जोड़ थे, कौड़ी-पकड़। साधु-जमात और रामलीला-मण्डली की मूर्तियों की सम्यक् आर्थिक व्यवस्था महन्त भागवतदासजी के हाथों में थी। स्थान पर महन्तजी स्टील का एक मजबूत बक्स निकट रखते थे, जिसमें छोटे-मोटे बैंक जितनी माया—रत्न, सुवर्ण, रजत-मुद्राएँ—रेज़गारी सेरों, चमाचम प्रायः हमेशा रहा करती थी। जमात पर महन्तजी का शासन कठोर था। ज़रा भी अनुशासनहीनता

पर वह वैरागी या मण्डली के एक्टर पर चँवरी चला बैठते थे।

मिण्टगुमरी के भक्तों ने रामलीला-भूमि के निकट ही मण्डलीवालों के ठहरने की व्यवस्था की थी। माताएँ बड़ी श्रद्धा से स्वरूपों तथा अन्य साधुओं के लिए दूध, दही, मक्खन, मट्ठा, लस्सी, गुड़, बताशे, लड्डू, अन्न, वस्त्र, पुष्कल दे जाती थीं। सीता, राम, लक्ष्मण, भरत, शत्रुघ्न, वग़ैरह बननेवाले बालकों को मण्डलीवाले अपनी भाषा में 'स्वरूप' या 'सरूप' कहा करते थे। शृंगार के साथ हम स्वरूपों को भक्तों के हाथ से दूध पिलवाने या प्रेमियों के घर भोजन कराने के लिए महन्त भागवतदास पंजाबी भक्तों से मोटी रकमें उतारते थे। भक्त लोग अक्सर साधुओं की जमात का भण्डारा अपने घर करते, तब महन्त के दल के नागा लोग सूरत के बने जरी के काम के खूबसूरत निशान, पताका, भाला, तलवार, तुरही से लैस बारात बनाकर भक्त के दरवाज़े पर जाते थे। बड़ी अभ्यर्थना, बड़ी पूजा, भक्त लोग इन साधुओं की करते थे। फिर पंगत बैठती थी, यानी जमात भोजन पाने बैठती। माल, मलाई, मिठाइयाँ, मालपुए, तरह-तरह की सब्ज़ियाँ, जिन्हें साधु लोग 'साग' नाम से भजते थे, परसी जातीं। फिर एक मुख्य साधु पंगत में टहल-टहलकर 'जय' बोलने-बुलाने लगता। यानी वह बोलता नाम दूसरे बोलते 'जय !' चारों धाम की—जय ! सातों समुद्र की—जय ! सातों पुरियों की—जय ! श्री हनुमानजी की—जय ! श्री सुग्रीवजी की—जय ! श्री अंगदजी की—जय ! यह जय-जय घोष कभी-कभी तो पूरे एक घण्टे तक होता, जिसमें महन्त के गुरु की

तथा स्वयं महन्त भागवतदास की जय भी पुकारी जाती थी। महन्त की आज्ञा से जमात को सादर भोजन देनेवाले भक्त के नाम की जय भी बुलवाई जाती। मालपुए ठंडे हो जाते, मलाई पर माखी भिनकने लगती, बढ़िया-से-बढ़िया बना हुआ सालन भी इस घंटे-भर की जयबाजी में ठंडा पड़कर सचमुच साग बन जाता था। जय बोलते-बोलते मारे थकावट और भूख के मुझे तो नींद आने लगती थी।

किसी एक दिन की बात। उस दिन धनुष-यज्ञ और लक्ष्मण-परशुराम संवाद की लीला होनेवाली थी। मण्डलीवाले मेक-अप रूम या ग्रीन रूम को शृंगार-घर कहते थे। 'शृंगारी' होता था वहाँ का व्यवस्थापक, जिसके चार्ज में वस्त्र, आभूषण, मुखौटे, दाढ़ी, मूँछें और मेक-अप का आवश्यक सामान होता था। हम सरूपों के चेहरों पर मुर्दासंख और लाल सिमरिख के रंग बाक़ायदे चढ़ाने के बाद गालों और माथे पर चमकती डाक और सितारों से, गोंद के सहारे वह शृंगार करता—फूल या मछली बनाता। इस शृंगार में कम समय नहीं लगता था। फिर हमारे मस्तक पर ऊन के काकपक्ष या जुल्फ़ें अलकदार लटकाई जातीं, कानों में कुण्डल और मस्तक पर मुकुट-किरीट-चन्द्रिका कसकर बाँधी जाती। फिर नीचे और ऊपर के वस्त्र पहनाए जाते। साधारण लड़के को देवता की तरह सजाकर खड़ा कर देना शृंगारी का काम था।

धनुष-यज्ञ में मेरे बड़े भाई साहब दो-दो काम किया करते थे। वह पहले तो राजा जनक के बन्दीजन बनकर आते थे और हिन्दी, अंग्रेजी, बंगला, फ़ारसी व़गैरा कई

भाषाओं में जनकजी की प्रतिज्ञा बड़े रोब से सुनाते थे। फिर, धनुष टूट जाने के बाद वह परशुरामजी बनकर आते थे; तुलसीदास के कथनानुसार रूपधर : अरुन नयन, भृकुटी कुटिल...गौर सरीर भूति भलि भ्राजा, भाल बिसाल त्रिपुण्ड विराजा, सीस जटा...सहजहु चितवत मनहु रिसाने। खुले विशाल कन्धे, एक कन्धे पर दिव्य जनेऊ और माला और मृगछाला। कमर में मुनियों के वल्कल-वस्त्र, कन्धों कें पीछे दो-दो तूणीर-तर्कश, हाथ में धनुष और बाण तथा वाम कन्धे पर विख्यात परशु। पहले तो सहज ही वेश में अपने भाई को देखते ही मेरी रूह फ़ना होती थी, तिस पर परशुराम का मेक-अप। प्रायः उनके रंग-मंच पर आते ही मेरी सिट्टी गुम हो जाती थी और अच्छी तरह याद किया हुआ संवाद भी सफाचट भूल जाया करता था। या लक्ष्मण का संवाद वीरतापूर्वक न कर केवल घिघियाया करता था। पार्ट भूलते ही परशुराम वेशधारी मेरा भाई स्टेज ही पर मुझे धमकाता कि चल अन्दर, तेरा भुरकुस न कर दूँ तो मेरा नाम नहीं। और परदा गिरते ही श्रृंगार में ही परशुरामजी लक्ष्मणजी को पीटने लगते। परदे के पीछेवाले उस परशुराम से लक्ष्मण की रक्षा राम ही नहीं राम के बाप दशरथ भी नहीं कर सकते थे। ख़ैर, इस धनुष-यज्ञ में बड़े पेटवाले राजा का मज़ाकिया काम करनेवाला एक्टर भी मेरा ही भाई था—मझला श्रीचरण पाँडे जो साधु-कण्ठीधारी बनकर अब सियारामदास हो गया था। जहाँ तक एक्टिंग का सम्बन्ध है, मेरा बड़ा भाई मझले से श्रेष्ठतर अदाकार था। लेकिन स्टेज पर प्रसिद्धि मझला ही विशेष पाता था, क्योंकि उसे नाचना,

गाना, बजाना तथा जनता की चुटकियाँ लेना ख़ासा आता था। 'नाचे-गावे तोड़े तान तिसका दुनिया राखे मान' कहावत उन दिनों काफ़ी प्रचलित थी। घर में न सही परदेस—रामलीला-मण्डलियों—में हम तीनों भाई साथ-ही-साथ रहे, और काफ़ी प्रेम से। घर में प्रेम इसलिए नहीं था कि खाना नहीं था। जब 'भूखे भजन न होहि' कहावत है तब भला भूखे प्रेम क्या होता ! रामलीला-मण्डली में, दोनों ही, अपनी-अपनी स्वतन्त्र कमाई कर लेते थे। ऊपर से बुनियादी राशन मण्डली के पंचायती भण्डारे से मिल जाता था। बुनियादी राशन यानी साग-दाल, चावल, बड़ी-बड़ी रोटियाँ दोपहर को तथा घुइयाँ का साग और छोटी-छोटी पूरियाँ रात के ब्यालू में। मेरे बड़े भाई की तरह शौकीन एक्टर अपना खाना बिस्तर या आसन पर लेते, जो महन्त भागवतदास को बहुत बुरा लगता। वह चाहते कि जिसे भी भण्डारे में खाना हो पंगत में बैठकर जय बोलने के बाद प्रसाद पाए। जो पंगत से चूके उसका भाग भण्डारे के प्रसाद में नहीं। कहावत मशहूर—डार का चूका बन्दर, पाँत का चूका बैरागी। सो, जो एक्टर पंगत में न शामिल होना चाहता वह अपना प्रबन्ध अलग करता। महन्त भागवतदास मेरे बड़े भाई की क़द्र करते थे, क्योंकि वह उनका पत्र-व्यवहार सुन्दर अक्षरों, उत्तम हिन्दी में कर देते थे। फिर भी, नागा कानियाँ महन्त से दहशत सभी खाते थे। वह झक में आने पर अच्छे-अच्छों पर हाथ झाड़ देते थे। कोई भी एक्टर भागवतदास के सामने जाने में एक बार झिझकता था।

जमात के अधिकारियों में महन्तजी के अलावा एक

'कुठारी' जी थे, जिनके चार्ज में अन्न, घृत, बासन, वसनादि वस्तुएँ होती थीं। उन्हें 'अधिकारीजी' भी कहा जाता था। मण्डली में भागवतदास के बाद अधिकारीजी का ही मान था। वह साधुई किते से पहनी हुई लुंगी और बगलबन्दी धारण करते थे, टाट के जूते पहनते थे, ऊर्ध्वपुण्ड सह-श्री माथे पर लगाते थे, जिसका फैलाव उनक़ी नासिका तक होता था। वह बहुत अच्छे रामायण-भक्त भी थे। शृंगारी की तारीफ़ आप सुन ही चुके हैं। कुठारी, शृंगारी के बाद भण्डारीजी थे, जिनके हाथ में सारा भोजन-भण्डारा होता था। भण्डारी अक्सर उसी नागा साधु को बनाया जाता था जिसमें, आवश्यकता पड़ने पर, सौ-सवा सौ मूर्तियों के पाने (खाने) योग्य प्रसाद अकेले तैयार करने की क्षमता होती थी। वैसे साधारणतः उसको सहायक साधु स्वयं-सेवक सुलभ रहा करते थे। मण्डली की हर मूर्ति का आवश्यक कर्तव्य माना जाता था भण्डारी की हर तरह से सहायता करना। साग 'अमनियाँ' करना, पुष्कल आटा गूँधना, ईंधन की लक्कड़ चीरना, जल जुटाना, और सबके ऊपर भोजन के बाद बड़े-बड़े कड़े-जले बरतन माँजना—चमाचम ! मँजे बासनों को कानियाँ भागवतदास आँख पर सोने के फ्रेम के चश्मे चढ़ाकर देखते और ज़रा भी मलिनता या मल मिलते ही माँजनेवाले वैरागी को चँवरी-मढ़े बेंत से मारते-मारते आदमी से टट्टू बना देते थे—टुटरूँ टूँ। इन्हीं सब फ़जीहतों, दिक्कतों से बचने के लिए मेरे भाई-जैसे शौकीन अपना खाना अलग बनाते थे। इससे इनको प्याज़, लहसुन वग़ैरह की सुविधा भी मिल जाती थी, जो नागाओं के भण्डारे में असम्भव थी। ऐसे लोगों

का जमात के विधान से स्वतन्त्र आचरण महन्त भागवतदास को भला नहीं लगता था, फिर भी 'नान' वैरागियों को इतनी आज़ादी वह दे ही देते थे। महन्त भागवतदास हिम्मतवाले, जीवटवाले साधु-महात्मा थे। तभी तो सन् 1910 ई. में सीमान्त प्रदेश के विख्यात शहर बन्नू में जाकर रामलीला दिखाने की जुरअत की उन्होंने। उन दिनों बन्नू तक रेल लाइन तैयार नहीं हो पाई थी। मिण्टगुमरी से कोहाट पहुँच वहाँ से ताँगों से शायद दो दिन की यात्रा के बाद मण्डली बन्नू पहुँची थी। ताँगे दिन में चलते और सायंकाल किसी डेरा या 'खेल' पर विश्राम करते। निशानेबाज, ख़ूँख्वार सरहदी डाकुओं का बड़ा भय था। मुझे याद है बन्नू की राह की किसी सराय में घोड़े की लीद-भरी कोठरी में सोना। मुझे मज़े में याद है शौच के लिए पहाड़ियों में जाने पर किसी महाभयानक़ पठान को देखते ही बिना निपटे ही भाग आना। मुझे बतलाया गया था कि सरहदी बदमाश लड़कों को ख़ासतौर पर पकड़ ले जाते हैं। बन्नू पहुँचने पर भी शहर देखने, घूमने-फिरने, बड़े लोग ही जा पाते थे। हम लड़के तो उसी अहाते में बन्द रखे जाते जिसमें रात को फाटक बन्द कर, केवल सौ-दो सौ हिन्दुओं की उपस्थिति में रामलीला दिखाई जाती थी।

बन्नू के भक्तों से विदाई में दक्षिणा भारी मिलनेवाली थी, इसलिए विशेषतः महन्त भागवतदास पैसा-पकड़ मण्डली लेकर वहाँ गए थे। लौटे भी अच्छी रकम बनाकर। रुपये, पशम, ऊन, काठ का सामान, चाँदी के पात्र, सोने के आभूषण।

बन्नू हम गए थे कोटाह की तरफ से, लौटे डेरा-ग़ाज़ीखाँ की तरफ़ से।

मेरे बड़े भाई-जैसे हज़रत छिपे-छिपे फुसफुसाते कि महन्त बटुक-विलासी है। इसका कारण यह था कि स्वयं साढ़े चार बजे सवेरे स्नान करने के बाद महन्तजी उनके लड़कों को भी उसी वक्त नहलवाते थे जो स्वरूप (राम-लक्ष्मण-सीता) बना करते थे। सरदी के दिनों स्नान के बाद शीत से काँपते उन किशोरों को प्रायः नियम से महन्तजी अपने कोमल इटालियन कम्बल में बुला लिया करते थे—एक, दो, तीन को—और उनके गाल हथेलियों से रगड़-रगड़कर गरमाया करते थे। मेरे मते यह क्रोधी, कठोर-स्वभावी महन्त का महज निर्विकार कोमल पक्ष था। महन्त भागवतदास सिद्धान्त और लंगोट के सच्चे थे।

बन्नू में अनेक सरहदी सौगात संग्रह करने के कारण बड़े भाई और मैं इसके बाद घर यानी चुनार लौट आए। हमारे आग्रह करने पर भी, माता के लिए भी, मझले साहब ने मण्डली छोड़कर चुनार आना स्वीकार नहीं किया।

राममनोहरदास

महन्त भागवतदास 'कानियाँ' की नागा-जमात के साथ मैंने पंजाब और नार्थवेस्ट फ्रण्टियर प्राविंस का लीला-भ्रमण किया। अमृतसर, लाहौर, सरगोधा मण्डी, चूहड़ काणा, पिंड दादन खाँ, मिण्टगुमरी, कोहाट और बन्नू तक रामलीलाओं में अपने राम स्वरूप की हैसियत से शिरकत करते रहे। यह सब सन् 1911-12 ई. की बात होगी। मेरा ख़याल है उन्हीं दोनों बरसों में कभी दिल्ली में वायसराय लार्ड हार्डिंग पर बम भी फेंका गया था। उसकी चर्चा रामलीला-मण्डलीवालों में भी कम गरम नहीं रही। फ्रण्टियर से चुनार लौटने के बाद शीघ्र ही हम दोनों भाई पुनः अयोध्याजी चले गए थे। इसका ख़ास सबब था चुनार आते ही बड़े भाई साहब का पुनः जुआ-जंगाड़ी जमात में जुड़ जाना, जिससे खीसा कटते ज़रा भी देर न लगी। ऋणदाताओं के मारे जब घुटन महसूस करने लगते, तभी भाई साहब चुनार छोड़ दिया करते थे। अयोध्या से मझले भाई श्रीचरण पाँडे उर्फ़ सियारामदास ने पत्र दिया था कि वह इन दिनों महन्त राममनोहरदास की मण्डली में है। महन्तजी मालदार हैं, साथ ही भागवतदास कानियाँ से कहीं उदार। एक्टरों की तनख़ाहें पुष्ट, तुष्टिकारक हैं। मझले ने बड़े भाई से आग्रह किया था कि वह भी राममनोहरदास की मण्डली

में आ जाएँ। सो, हम जा ही पहुँचे। राममनोहरदास की मण्डली के साथ मैंने सी.पी. के कुछ नगरों तथा यू.पी. के अनेक नगरों का भ्रमण किया। मेरा काम था रामलीला में सीता और लक्ष्मण बनना। इस तरह अयोध्या, फैज़ाबाद, बाराबंकी, परतापगढ़, दलीपपुर, अलीगढ़, बुलन्दशहर, मेरठ, दिल्ली, दमोह, सागर, गढ़ाकोटा, कटनी आदि स्थानों में रामलीला का स्वरूप बनकर ग्यारह-बारह साल की उम्र में बन्देखाँ ने सहस्र-सहस्र नर-नारियों के चरण पुजवाए हैं। इससे पूर्व ये ही चरण पंजाब और सीमाप्रान्त के मण्डी-नगरों में भी पब्लिक द्वारा परम प्रसन्नतापूर्वक पूजे जा चुके थे। चरण ब्राह्मण के ! छह साल की उम्र ही में चुनार में कुमार-पूजन के अवसर पर बहैसियत ब्रह्मकुमार मेरे चरण अक्सर पूजे जा चुके थे। ब्राह्मण ने कैसा रंग समाज पर बाँध रखा था ! भीख लेता था तनकर। दान देते समय दानी भिखारी के चेहरे नहीं, चरणों की तरफ़ देखता था। राममनोहरदास की मण्डली का सारा रंग-ढंग कमोबेश वही था जो भागवतदास की मण्डली का, इस फ़र्क के साथ कि पहली मण्डली में साधुओं की संख्या नब्बे प्रतिशत थी; पर दूसरी में सौ में नब्बे एक्टर व्यावसायिक, आवारा-मिज़ाज लोग थे। स्वयं भागवतदास राममनोहरदास के मुकाबले में कहीं अधिक चरित्रवान् थे। राममनोहरदास वैरागी होने पर भी, रहते थे गृहस्थों के बाने में। पहनते थे कुरता, कमीज, धोती, कोट, मोटे चश्मे, काली दाढ़ी, अलबर्ट कट, देह गुट्ठल, चेहरे पर बाईं तरफ़ नाक के निकट बड़ा-सा मस्सा। राममनोहरदास मैनेजर अच्छे थे। उनकी मण्डली अधिक उत्तम ढंग से

रामलीलाएँ दिखाती थी। लेकिन लंगोट के वह कच्चे थे—भद्दे ढंग से। वह किसी-न-किसी सुन्दर 'स्वरूप' पर रीझकर पहले सोने के गहनों से उसे लाद देते (दे नहीं डालते, केवल पहनने की सहूलियत देते)। फिर उसी को लोहे के कैश बाक्स की कुंजी भी दे देते। सेक्रेटरी और शिष्य के बीच के काम उससे इतना लेते कि अक्सर थककर वह उन्हीं के गुदगुदे गदेले पर रात काट देता था। और सवेरे मण्डलीवालों में अनैतिक कानाफूसी चलती। फिर भी वातावरण ऐसा था कि स्वरूप-मण्डली के सभी बालक मन-ही-मन महन्त राममनोहरदास की कृपा के आकांक्षी रहते थे। एक बार यह प्रकट हो जाने पर कि अमुक स्वरूप महन्त से 'विलट' गया, मण्डली के दूसरे मनचले अधिकारी, भण्डारी, श्रृंगारी, लीलाधारी भी मौक़े-बे-मौक़े उस पर ज़रूर लपकते। फलतः स्वरूप को कुरूप बनने में कुछ भी देर न लगती। मैं बच जाता था इन दुष्ट लीलाधारियों से अपने दो-दो बड़े भाइयों के सबब, जो तेजस्वी अदाकार और तगड़े जवान थे। फिर भी, मैं बिगड़ा नहीं, ऐसा कहना 'बनना' होगा, जो मेरी बान नहीं, बाना भी नहीं। अ़सल में स्वरूपों यानी लड़कों के रहने-सोने का प्रबन्ध अलग ही हुआ करता था। और मैं सोता था स्वरूपों में ही। नतीजा यह होता था कि बड़ों द्वारा कुरूप बना हुआ स्वरूप बेहिचक, रूप की निहायत नंगी परिभाषा भोले संगियों को पढ़ाता था। यानी ख़रबूजे से ख़रबूजा रंग पकड़ता ही था। इस तरह राममनोहरदास की राम-मण्डली ज़बरदस्त पाप-पार्टी भी थी। मेरा ख़याल है इश्क़ क्या है, इसका पता मुझे इसी मण्डली में बारह साल की वय में लग गया था। बारह

साल की उम्र में मैं सत्रह साल की एक अभिरामा श्यामा पर ऐसा आशिक़ हो गया था कि 'सीने में जैसे कोई दिल को मला करे है' का अनुभव मुझे तभी हो गया था। उस सुन्दरी के लिए मैं सारा दिन बेचैन रहा करता था कि कब रात हो, कब उसके मादक स्वादक मयंक-मुख के दर्शन हों। मेरा प्रथम और अन्तिम प्रेम भी वही था। उसके बाद जो मामले हुए उसी शाश्वत साहित्य के संक्षिप्त, सस्ते संस्करण मात्र थे।

हाँ, तो लीला बाराबंकी में दिखाई जा रही थी। प्रोग्राम एक मास तक का था। लीला-भूमि में महिलाओं के बैठने का प्रबन्ध लीला-मंच के बहुत ही निकट था। उन्हीं में वह सत्रह-साली, निराली ब्यूटीवाली, कमल-लोचना भी, गैस लाइट में प्रफुल्लित नज़र आती थी। उसी कामिनी में कुछ देखने काबिल भी था, यह मैंने जाना मण्डली के दिल-फेंक एक्टरों और अपने बड़े भाई को भी उसकी तरफ़ बार-बार देखते देखने के बाद। बाल-उत्सुकतावश, सीताजी के मेक-अप में ही, रंग-मंच से ही, मैं भी उसे देखता और देखता और देखता। देखती थी वह भी मेरी तरफ़। शायद वह भी ताकझाँकवाली आली थी। सो, मैं देखता ही रहा, मन्त्र-मुग्ध, लेकिन ऐय्यारों ने डोरे डाल, भक्ति-भावना में बहका, परदे के पीछे नज़दीक से रामजी के दर्शन कराने के बहाने अन्दर ले जा, पहले महन्तजी से उसका संयोग करा दिया। राममनोहरदास ने उसको एक महँगी बनारसी साड़ी दी, जिसे उसने ले भी लिया। बस यौवन के जादू का भाव खुल-जैसा गया। लेकिन वह वेश्या नहीं थी। उसका पति साल में दस-ग्यारह महीने बम्बई रहा करता था।

सो, यौवन की महावृष्टि में उसके चलन की क्यारी फूटकर बह चली थी। लेकिन बदमाश लीलाधारियों के चक्र में पड़ते ही आठ ही दस दिनों में वह भयानक यौन-रोग-ग्रस्त हो गई थी। और संयोगवश इसी बीच उसका पति बम्बई से आ गया। शक्की मर्द उसी रात अपनी देवी की देह-दशा ताड़ गया। संदिग्ध भाव से घर में और भी कोई प्रमाण तलाशने पर बनारसी साड़ी भी उसके हाथ लगी। सुना, इसके बाद वह मर्द कुछ ऐसा उत्तेजित हुआ कि रसोई बनाती रामा रमणी को बाहर घसीट, मुँह में कपड़ा ठूँस, नंगी कर, हाथ-पाँव बाँध, उसे एक खम्भे से बाँध दिया। इसके बाद चूल्हे में लोहे की छड़ लाल करके पिशाच के उल्लास से वह तरुणी का अंग-अंग दागने लगा। सारे शहर में कोहराम मच गया। बड़ा होहल्ला मचा। मरने के पहले उस औरत ने बयान दिया था कि उसे रामलीलावालों ने बरबाद किया है। लेकिन महन्त राममनोहरदास बड़े काइयाँ थे। जहाँ भी मण्डली जाती पहले वहाँ की पुलिस से ही प्रेम बढ़ाते थे। फिर राम का बलवान नाम लीलाधारियों के साथ था। साथ ही वह आदमी कोई बड़ा आदमी नहीं था। सारा दोष उसी के माथे मढ़ा गया। पाखण्डी लीलावाले फिर भी पुजते रहे। औरत अस्पताल में मर गई थी।

यह सब सुनकर पुलिस से प्रेम होने पर भी महन्त राममनोहरदास मन-ही-मन डरे, साथ ही, कम्पनी के अन्य छिपे रुस्तम भी प्रकम्पित हो उठे। फलतः येनकेनप्रकारेण प्रोग्राम पूरा कर मनोहरदास मण्डली के साथ बाराबंकी से सागर प्रस्थान कर गए। फिर भी, मारी जाने, मर जाने, भस्मीभूत हो जाने के बावजूद

बाराबंकीवाली की वह बाँकी छवि, वह मादक, छलकती, छाती को छूती, अछूती जवानी की हवा मेरे हृदय से न गई, न गई। और मैं उदास-उदास रहने लगा, प्रेत-बाधित जैसा। मेरी चंचलता कम होने लगी, भीड़ छटने लगी। अब ध्यान होता सत्रह साल वाली का—और बारह साल के बेचन पाण्डे होते। और बेचैनी होती। ऐसा मचलता मन होता जिसका पता न चलता कि वह आख़िर मचल रहा है क्यों ? वही उस्ताद का शेर : 'दिलेनादाँ, तुझे हुआ क्या है ? आख़िर इस दर्द की दवा क्या है ?' लेकिन मैंने पहले दर्द जाना, दवा के लिए तरसने का रस चखा, 'ग़ालिब' का शेर तो इस वाक़या के मुद्दतों बाद मैंने सुना। फिर भी कमाल ! सारी ग़ज़ल दिल को छूनेवाली—

हम हैं मुश्ताक़ और वह बेज़ार,
या इलाही !' माजरा क्या है ?
ये परी-चेहरा लोग कैसे हैं ?
ग़म्ज़ा-ओ-इश्व-ओ अदा क्या है ?
सब्ज़ा-ओ-गुल कहाँ से आते हैं ?
अब्र क्या चीज़ है ? हवा क्या है ?

या इलाही ! या इलाही ! या इलाही ! ये माजरा क्या है ? उसके सर्वनाश पर मेरे सीने में दर्द क्यों हुआ ? जो हो, वही मेरे सीने में मुहब्बत की आग कुछ ऐसी जगमगा गई, जो किसी क़दर आज तक मुझे गरमाती, तपाती, जलाती, यानी जिलाती रहती है। और मेरे सलोने सौभाग्य में बारह बरस की ही वय में मुहब्बत बदी थी। उस शायर ने झूठ कहा होगा जिसने कहा, 'मेरा मिज़ाज लड़कपन से आशिक़ाना था,' लेकिन मैं

सच कहता हूँ। कोई पूछ सकता है—इससे मेरा फ़ायदा हुआ या नुकसान ? यह सवाल वही करेगा जिसे मुहब्बत के राहोरस्म का इल्म मुतलक न होगा। मुहब्बत सांसारिक हानि-लाभ के तराजू पर तौली जाने योग्य जिंस कदापि नहीं। इसका तो जीवन के सुदुर्लभ सुधा-मधुर स्वाद से सम्बन्ध है। कहा उस्ताद ने : इश्क़ से तबीअत ने ज़ीस्त का मज़ा पाया, दर्द की दवा पाई, दर्द बेदवा पाया। इस बे-ऋतु के प्रेम ने मुझे अकारण प्रेम के मार्ग पर कुछ ऐसा उतार दिया कि आज तक मैं मन के मचलने से नहीं—न जाने क्यों—किसी को प्यार करता हूँ। बक़ौल : दिल चाहेगा जिसको उसे चाहा न करेंगे, हम इश्क़ो हविस को कभी इक जा न करेंगे। मैं महसूस कर रहा हूँ—डूबकर निकलनेवाले दोस्त पूछना चाहते हैं कि साठ के हो गए आज तक जनाब दिल फेंक ही हैं ? जी हाँ। मैं बरसों से उम्र क्यों गिनूँ ? जीवन की गति से क्यों न जाँचूँ ? अभी मेरी भाँवरें नहीं पड़ीं। विवाह नहीं, सगाई नहीं। उस बाराबंकीवाली से दिल लगने के बाद मैं बराबर कुआँरा ही रहा हूँ। लानत है साधारण गिनती पर ! जोड़, बाक़ी, गुणा मेरे भाग में भगवान् की दया से कभी नहीं रहे। मैथमेटिक्स में मैं इतना मन्द कि साठ का हो जाने पर भी गधापचीसी के आगे जीवन जोड़ने की तमीज़ बिलकुल नहीं। आदमी के चेहरे की यह मूँछ-दाढ़ी, मेरे मते, व्यक्ति की बंजरता विदित करनेवाले कुशकास हैं। ख़ास-ख़ास देवताओं की मूर्तियों में उनकी वय किशोर और युवा ही क्यों बतलाई जाती है ? इसीलिए कि परम भागवत-तत्त्व व्यक्ति में तभी तक रहता है जब तक मूँछ-दाढ़ी नहीं रहती।

मर्यादा-पुरुषोत्तम होने पर भी राम या भगवान्स्वयं कृष्ण की मूँछें और दाढ़ी किसी ने देखी हैं ? इतने विकट भयंकर-प्रलयंकर होने पर भी शंकर के विग्रहों में दाढ़ी-मूँछ कहाँ होती है ? क्यों ? इसका अर्थ यही है कि कोई कृष्ण की तरह अमृत रास करनेवाला हो या शंकर की तरह प्रलयंकर ताण्डव सृष्टि और नाश, दोनों ही आदमी के हाथ में तभी तक रहते हैं जब तक उसे मूँछ-दाढ़ी की दिक़्क़त दरपेश नहीं आती। यह मूँछ-दाढ़ी मूढ़ मानव के बाहर तो बाहर, अन्दर भी निकलती है। इनमें अन्दरवाली को आदमी सावधानी से साफ़ करता रहे तो बाहरवाली उतनी भयावनी नहीं साबित होती।

भानुप्रताप तिवारी

बचपन में मेरे मुहल्ले में दो हस्तियाँ ऐसी थीं जिनका कमोबेश प्रभाव मुझ पर सारे जीवन रहा। उनमें एक थे भानुप्रताप तिवारी (जब मैं सात बरस का था, वह साठ के रहे होंगे), दूसरे महादेव मिश्र उर्फ बच्चा महाराज, जो उन दिनों चालीस के भीतर की उम्र के रहे होंगे। भानुप्रताप तिवारी के अच्छे-अच्छे दो-दो मकान, पर वह स्वयं मुख्य मकान के द्वार-देश की संडास के सामने की अंध-अँधेरी, सीलन-भरी बदबूदार कोठरी में रहा करते थे। पहनते थे गाढ़े के चारख़ाने का लम्बा रुईदार कोट और पुराने ढंग का पाजामा—रुईदार ही। भानुप्रताप तिवारी के ब्रह्माण्ड या बीच खोपड़ी में कोई ऐसा व्रण हो गया था जिसके सबब अधेड़ अवस्था ही में वह सहज, सामाजिक जीवन के अयोग्य हो गए थे। रोग असाध्य था, कर्म-भोग दारुण; फिर भी, तिवारीजी सारे जीवन-दर्प से डटे हुए मरण से लोहा लेते रहे। कुछ नहीं तो तीस-चालीस बरस उन्होंने उसी बदबूदार अँधेरी कोठरी में काटे। उस घोर दुःख को बड़ी ही शान से वह झुठलाते रहे। मस्तिष्क में व्रण होने के बावजूद पण्डित भानुप्रताप तिवारी अँधेरी कोठरी में, खाट पर रज़ाई ओढ़े तीस-चालीस बरस तक या तो उत्तम, गम्भीर ग्रन्थों का अध्ययन किया करते थे अथवा किसी सद्ग्रन्थ का

अनुवाद, भाष्य, समीक्षा आदि। कहते हैं सिर में घाव पैदा होने के काफ़ी पहले से उन्हें लिखने-पढ़ने का शौक़ था। मिर्ज़ापुरी बोली में उन्होंने तुलसीकृत रामायण की एक टीका भी तभी शुरू कर रखी थी। भानुप्रतापजी ने रामायण की अपनी टीका में रघुनन्दन राम को तुलसीदास की तरह परब्रह्म स्वरूप नहीं स्वीकारा था। दुख या लोअर लाइन्स के अंग्रेज़ों की संगत से मुहल्ले के ब्राह्मणों की दृष्टि में भानुप्रतापजी नास्तिक बन चुके थे। रामायण की उस टीका में अनेक अवसरों पर उन्होंने ऋषि-मुनियों की खिल्ली भी ख़ूब उड़ाई थी। कहते हैं, चुनार में एक बार कोई सन्त अयोध्यावासी आए और संयोग से भानुप्रताप तिवारी तक उनकी रसोई हो गई। तिवारीजी महात्मा को, छेड़छाड़ की अदा में, निजकृत तुलसीकृत रामायण की टीका सुनाने लगे। उसमें, बालकांड में, मिथिला की महिलाओं ने ब्रह्मर्षि विश्वामित्र को इसलिए भला-बुरा कहा था कि उनकी दृष्टि में चक्रवर्ती दशरथ के राजमहल के सुखों से छुड़ा जंगल-जंगल बहकाकर किशोर कुमार राम-लक्ष्मण के साथ उन्होंने क्रूरता दिखलाई थी। ऋषि विश्वामित्र के प्रति भानुप्रतापजी की छिछली भावना भाँपते ही वह अवधवासी महात्मा मारे रोष के स्वयमेव क्रोधी कौशिक बन उठे—"चपल चाण्डाल !" उन्होंने शाप दिया था—"इस टीका की समाप्ति के पूर्व ही तेरी टीका विदीर्ण हो जाएगी।" और वह महात्मा वहाँ से अविलम्ब चलते बने। और अनतिदूर भविष्य में ही भानुप्रतापजी की खोपड़ी के मध्य में वह घाव अनायास ही प्रकट होने, बढ़ने, रिसने, ज़िन्दगी हराम करने लग पड़ा था।

तिवारीजी के पिता सरकारी नौकरी में नाज़िर थे। उनका तहसील चुनार में आदर-मान था। स्वयं भानुप्रतापजी भी चुनार के किले में कोई अधिकारी थे। अवश्य ही उन्हें आरम्भ ही से लिखने-पढ़ने का व्यसन रहा होगा। वह अरबी, फ़ारसी, उर्दू, अंग्रेज़ी, ब्रजभाषा एवं खड़ी बोली के मर्मी ज्ञाता थे। जब बनारस में 'भारतेन्दु' हरिश्चन्द्र थे, तभी चुनार में भानुप्रताप तिवारी जवानी पर रहे होंगे। तिवारीजी के दोनों घरों में कुछ नहीं तो दस हज़ार जिल्द पुस्तकें विविध भाषाओं की, बहुमूल्य एवं अमूल्य, संग्रहीत रही होंगी। उनकी अंध-अँधेरी कोठरी में तो चारों ओर किताबों से भरी आलमारियाँ और रैकें ठसी थीं। उनकी लिखी एकाधिक छोटी-छोटी किताबें बीसवीं सदी के आरम्भ के पहले ही छप चुकी थीं, स्वान्तः सुखाय, अमूल्य-वितरणार्थ। उनमें एक पुस्तक चुनार पर थी। चुनार का संक्षिप्त इतिहास और समसामयिक नागरिक कुलों का परिचय। उस पुस्तक में भानुप्रतापजी ने मेरे ख़ानदान की चर्चा भी कुछ तो उसकी विचित्रता के कारण और कुछ इसलिए की है कि वह हमारे यजमान थे। भानुप्रतापजी के हम पुरोहित थे। उसी पुस्तक में तिवारीजी ने मेरे एक प्रपितामह का वर्णन किया है, जो पढ़े-लिखे मुतलक नहीं थे, फिर भी प्रसिद्ध-सिद्ध थे। हमारी कुल-देवी भगवती दुर्गा दुर्ग-विनाशनी सुदर्शन पाँडे—यही उनका नाम था—पर रीझ गई थीं। सो, मेरे प्रपितामह के संकेत-मात्र से राजद्वार का भैंसा शास्त्रार्थ करने काबिल हो जाता था। सिद्ध सुदर्शन पाँडे अपने घर की टूटी चारदीवारी पर बैठे दातुन कर रहे थे कि किसी ने सुनाया कि कोई भारी

सिद्ध उनसे मिलने को सिंह पर सवार, हाथ में सर्प का चाबुक लिये आ रहा है। सुनते ही सुदर्शन पाँडे ने टूटी चारदीवारी को एड़ लगाई—"चल तो। महात्मा का इस्तक़बाल आगे बढ़कर करें।" और चारदीवारी उन्हें लेकर चल ही तो पड़ी। मेरे परदादा का प्रतापी चमत्कार देख वह सिंह-सवार सिद्ध उनके चरणों में लोटने लगा था।

वही अनपढ़ सिद्ध सुदर्शन पाँडे एक दिन स्नान-सन्ध्या के बाद घुटनों तक गंगा में खड़े सूर्य को अर्घ्य दे रहे थे कि बीच धारा से तत्कालीन काशिराज का राजबजड़ा गुजरा। अमित तेजस्वी ब्राह्मण पर नज़र पड़ते ही राजा ने जलयान-चालकों को उधर ही चलने का इशारा किया। राजा के निकट कोई ऐसा भी था जो सिद्ध सुदर्शन पाँडे से भली भाँति परिचित था। उसने देखते ही काशिराज को बतलाया कि वह तेजस्वी ब्राह्मण है कौन। दुनिया की नज़रों में महामूर्ख, मगर भगवती का भारी साधक—सिद्ध। सुदर्शन पाँडे के निकट जा राजा ने पूछा—"महाराज, गंगा-गर्भ में क्या-क्या चीज़ें हो सकती हैं?"

"गंगा-गर्भ में ?" चमत्कारी सुदर्शन ने सुनाया—"गंगा-गर्भ में ख़रगोश का बच्चा होता है। और क्या ?" ख़रगोश का बच्चा ? गंगा के अंदर ? राजा बनारस को ऐसा लगा गोया ब्राह्मण ने उनका उपहास किया अनुचित असम्भव उत्तर देकर। राजा के नथने ईषत् फूले, भवें तनीं, होंठ असन्तुष्ट फड़के : "महाजाल डाला जाए गंगा में और जाँचा जाए कि क्या पानी के अन्दर ख़रगोश का बच्चा भी बसता है ? एक बार जाल डाला

जाए, दो बार, तीसरी बार भी अगर ख़रगोश के बच्चे का सूराग़ न लगे तो राज-अपमान के लिए धृष्ट ब्राह्मण का मैं शासन करना चाहूँगा।" सो, महाजाल डाला गया—एक बार, दो बार। लो, तीसरी बार जंगी जाल में फँसा सुंदर ख़रगोश का बच्चा ! राजा ने स्तम्भित हो दाँतों अँगुली दाबी और सुदर्शन पाँडे को एक सौ आठ बीघे ज़मीन, जिसमें चार कुएँ और दो आम की बगियाँ, उसी समय दान में दी। इस घटना के बाद सुदर्शनजी जब घर लौट रहे थे तो राह के जंगल में एकाएक किसी ने तेज़ चाँटा उनके गाल पर जड़ा। "मूर्ख कहीं के ! देख तो मेरी चूँदरी चिन्दी-चिन्दी हो गई कटीली झाड़ियों में ख़रगोश का बच्चा ढूँढ़ते-ढूँढ़ते।" चकित सुदर्शन ने देखा, सामने चिथी चूँदरी पहने खड़ी कुमारी के रूप में स्वयं जगज्जननी वात्सल्यमयी सर्वकल्याणी सर्वमंगला को !

यह सच भी है, जिसका इशारा भानुप्रतापजी की पुस्तक में भी है कि मेरे खानदान के लोग हरसू (पाँडे) नामक ब्रह्म के वंश के हैं, जिनका परम प्रसिद्ध स्थान उत्तर प्रदेश-बिहार की सीमा पर स्थित चैनपुर में है। इन्हीं हरसू ब्रह्म को स्वर्गीय परम विद्वान डॉ. रामदास गौड़ आदर से मानते थे। इन हरसू ब्रह्म की तो सोलह-पेजी जीवनी छपकर भक्त जनता में सहस्र-सहस्र की संख्या में बिकती है। कैसी जीवनी ! मेरे विख्यात पितामह हरसू पाँडे जिस राजा के राजपुरोहित या गुरु थे, एक बार उसने नई-नई कोई शादी की। रात को जब वह चौमंज़िले के रनिवास में गया, विलास का अवसर आया, तब अचानक नई रानी की नज़र सामने मगर दूर

से आते प्रकाश पर पड़ी, जो राजभवन के बराबर ही किसी महल के चौमंज़िले की खिड़की से आ रहा था !

"यह किसकी खिड़की है मेरे कक्ष के सामने ?" ज़रा रोष में रानी राजा को और भी रमणीय मालूम पड़ी। "यह प्रकाश मेरे कुल-गुरु हरसूजी के निवास की खिड़की से आ रहा है।"

"राज-भवन के बराबर महज़ ब्राह्मण का भवन ! छिः !"

"मगर ?"

"क्या अगर ? क्या मगर... ?"

"वह परम सिद्ध पुरुष—हरसू पाँडेजी—हमारे पुरोहित, पिता से बढ़कर हैं।"

"पिता से बढ़कर कोई परम पिता हो, परन्तु शयनकक्ष के सामने किसी की भी खिड़की-दरवाज़ा मुझे नापसन्द है। सामनेवाले घर का एक खण्ड पहले गिराया जाए, फिर आप राजा, फिर मैं रानी...।"

"स्त्री...!"

रानी के बिगड़े दिल पर राजा के मुख से 'स्त्री' शब्द, हीन-भाव से निकलते ही साँप-सा लोट गया। वह फूल-सेज से सर्पिणी-सी सरककर कक्ष के बाहर जाने लगी—"आप मेरे प्राण ले सकते हैं—राजा हैं, मैं अबला हूँ, पर मुझे अपने मन के खिलाफ़ आचरण करने पर विवश नहीं कर सकते। मैं बाज़ार से ख़रीदकर नहीं लाई गई हूँ—पाणिगृहीता, कुलीना, राज्य-कन्या हूँ। अभी मेरे पिता जीवित और समर्थ हैं।"

कहते हैं कई दिन तक रूपवती यौवनगर्विता रानी ने हठ नहीं छोड़ा। तब, विवश हो, काम-मोहित राजा ने

पुरोहित हरसू पाँडे से पूछा कि रानी को प्रसन्न करने के लिए यदि वह अपने भवन का एक खण्ड गिरा दें तो कोई बड़ी हानि होगी क्या ?

"हानि ?" तेजस्वी हरसू पाँडे ने दुहराया—"कामिनी का आग्रह रहे, गुरु की मर्यादा चूल्हे-भाड़ में जाए—इसमें कोई हानि ही नहीं ? मैं कहता हूँ औरत के मोह से जिस राजा की मति मलीन हुई उसके नाश में अधिक देर नहीं लगती।" राजा स्तब्ध, सुन्न, चुप रहा। प्रचण्ड पुरोहित के आगे विशेष बोलने की उसकी हिम्मत न हुई। हरसू पाँडे का सारे राज्य में दिव्य ब्राह्मण होने के कारण बड़ा मान था। उनके दर्शनों में बरकत मानी जाती थी। बचपन ही से राजा के मन में हरसूजी के प्रति श्रद्धा थी। लेकिन नई रानी, कल की आई। उसे तो अपनी सौतों को यह दिखलाना था कि राजा पर उसी का एकाधिकार है। सो, दिनों तक खींचातानी चलती रही। न रानी ने स्त्री-हठ छोड़ा, न हरसू पाँडे को ही अपना मान मर्दित कराना मंजूर हुआ और न राजा ही की हिम्मत पड़ी कि रानी के लिए पुरोहित-भवन का एक खण्ड बलात् गिरवा दे। लेकिन एक दिन जो न होना था वही हुआ और राजा ने पुरोहित-भवन का एक खण्ड बलात् गिरवा दिया। इसको अपमान मान राजपुरोहित हरसू पाँडे ने राज-द्वार पर आमरण अनशन ठान दिया था। अनशन के इक्कीसवें दिन हरसू पाँडे के प्राण जाते रहे थे। प्राण त्यागने के थोड़ा ही पहले राजा की पहली रानी की कन्या के हाथों कटोरा भर दूध ग्रहण करते हुए हरसूजी ने राजपुत्री को आशीर्वाद दिया था "जा, केवल तेरा वंश बचेगा।" विख्यात है कि हरसू पाँडे मरने के बाद प्रचण्ड

ब्रह्म-प्रेत हो गए। साथ ही, सहसा, पड़ोसी राजा ने उस राजा पर चढ़ाई कर दी। उसको पराजित कर, सारा राजपाट, ठाठ-बाट विध्वस्त, अग्निसात् कर दिया था। उसी ध्वंसावशेष के बीच में हरसू ब्रह्म की भारत-प्रसिद्ध समाधि है। हरसू ब्रह्म बिहार और उत्तर प्रदेश के अनेक भागों में देवताओं से भी अधिक पुजते हैं। बुरा-से-बुरा भूत-प्रेत-बाधित व्यक्ति हरसू ब्रह्म जाकर चंगा हो जाता है। हरसू ब्रह्म के मेले में सारे देश से प्रेत-बाधित प्राणी—प्रायः स्त्रियाँ—हर साल आते हैं। वीरान-उजाड़ में पचासों हज़ार आदमियों की भीड़ लगती है; लाखों का व्यापार-धंधा होता है; दसों हज़ार रुपए वहाँ के पण्डे प्राप्त करते हैं। ऊपर से माल-मलाई, रेशम, कम्बल, रज़ाई भी। मैं पाण्डेय बेचन शर्मा 'उग्र' हरसू ब्रह्म के कुल का हूँ—निस्संदेह। विदित विद्वान, प्रेत-पंडित रामदासजी गौड़ ने लिखा है कि हरसू ब्रह्म के यज्ञोपवीत संस्कार में गोस्वामी तुलसीदासजी शामिल हुए थे।

लेकिन ब्रह्म या प्रेतात्मा अथवा भूतों के अस्तित्व पर मेरा विश्वास ज़रा भी नहीं। संसार का सबसे भयानक भूत मैं पंचभौतिक आदमी को मानता हूँ। मैंने भयानक-से-भयानक भवन, सन्नाटे-से-सन्नाटे मैदान, ऊजड़-वीरान में भी ढूँढ़ने पर जब एक भी भूत, भूतनी या भूतनी-कुमार को नहीं पाया, तब भूतों पर से मेरी आस्था भले ही न उठ गई हो, पर यह विश्वास दृढ़ हो गया है कि आदमी से भयभीत हो भूत भी भागा-भागा फिरता है।

पर, मैं भानुप्रताप तिवारी की चर्चा कर रहा था।

तिवारीजी जिस कोठरी में रहा करते थे उसके पूरबी द्वार के सामने ही बड़ा भारी पीपल का पेड़ था। चिलकती दुपहरी या चमकती चाँदनी में पीपल के पेड़ के निकट खड़े-खड़े पेशाब करते हुए भानुप्रताप तिवारी पूरे प्रेत मालूम पड़ते थे—हड्डीले, रक्तरहित, उजले—धँसी आँखें, चेहरे पर सारी सृष्टि के लिए श्मशानी-शाप। मैले चारख़ाने का रुईदार पायजामा और उसी रंग का लम्बा दगला रुईदार। बहुत लड़कपन में मैं तो तिवारीजी के सामने तक जाने से डरता था और यदि उस गली से गुज़रना ही होता, तो जहाँ तक उनका मकान था उतनी गली मैं भयभीत दौड़ता पार करता था। लेकिन जब भी उनकी कोठरी में नज़र जाती वहाँ कोई साहब अंग्रेज़ बैठा होता, या मेमसाहब गोरी होती, या बंगाली मोशाई होते। तहसील के अधिकारी या ईसाई मिशनरी या साधु या फ़कीर। और भानुप्रताप तिवारी उसी ड्रेस में खाट पर अध-पड़े फर्राटी इंग्लिश या हिन्दुस्तानी गड़गड़ाती आवाज़ में बोलते होते। भानुप्रताप तिवारी जब तक जीवित रहे, चुनार में विश्वकोश माने जाते थे। कबीर, दादू, दरिया, मलूकदास, रैदास आदि अ-ब्राह्मण सन्तों के प्रति उनका अनुराग-विशेष था। इनकी रचनाओं की उन्होंने टीकाएँ तथा समीक्षाएँ लिखीं। तुलसी की रामायण पर भी जिल्द-की-जिल्द, रजिस्टर-के-रजिस्टर भरे। एक-दो नहीं, पचासों पुस्तकें उन्होंने स्वान्तःसुखाय, चिद्विलास के लिए लिखीं। आगन्तुक विद्वानों से उन्हीं विषयों पर तिवारीजी चतुर चर्चाएँ चलाया करते थे। मैं काफी बड़ा होने पर स्कूल में दाख़िल हुआ। चौदह साल की उम्र में नेहरू जवाहरलाल लन्दन में शिक्षा पाते थे,

लेकिन बेचन पाँडे का नाम चौदह साल की उम्र में चुनार के चर्चमिशन स्कूल में, थर्ड क्लास में लिखा गया। तब मुझे पुरोहित-वंश का जानकर—या क्यों—भानुप्रतापजी ने मुंशी मथुराप्रसाद-रचित त्रिलिंगुअल डिक्शनरी दी थी। वह आज भी मेरे घर की पुस्तकों में हो तो ताज्जुब नहीं। तिवारीजी की दो-दो ब्याहता बेटियाँ थीं—मैना और गिरजा। एकमात्र पुत्र था रामगुलाम तिवारी, जिसका पुकारने का नाम 'मलुक्की' था। मिडिल पास रामगुलाम तिवारी तहसीली रजिस्ट्रार का क्लर्क था। रामगुलाम तिवारी विवाहित था। भानुप्रतापजी की पत्नी तगड़ी, मालकिन-मुखी, निहायत नेक-दिल थीं। लेकिन मारे दुलार के उन्होंने अपने पुत्र रामगुलाम तिवारी को बरबाद कर डाला था। मारे मोह के वह माता अपने बिगड़े बेटे को दारू पीने और जुआ तक खेलने के लिए रुपए ही नहीं देती थी बल्कि दूसरे के घर में जाकर पूत संकट में न पड़े, अतएव अपने दूसरे घर में जुए की फड़ लगाने देती थी। उस दूसरे घर में मलुक्की कुछ भी करता था। इस लड़के को लेकर भानुप्रताप और उनकी पत्नी में प्रायः विवाद होता। भानुप्रताप शासन करना चाहते (असाध्य रोग-पीड़ित खाट पकड़े प्राणी) पर पत्नी के आगे उनकी एक न चलती—सिवाय ज़बान के। और तिवारीजी सारी ज़िन्दगी अपनी पत्नी को धारावाहिक भाषा में गालियाँ सुनाते रहे। रामगुलाम तिवारी भानुप्रताप के सामने ही पहली बार जुए में गिरफ़्तार किया गया था, लेकिन भानुप्रताप के प्रभाव से तहसील के नेक-दिल अधिकारियों ने उसे बचा दिया था। इसके बाद भानुप्रतापजी का देहान्त हुआ और रामगुलाम

तिवारी सरकारी रुपयों से जुआ खेलने के बाद अमानत में ख़यानत, ग़बन में गिरफ्तार हुआ। मुक़दमा बरसों चलता रहा। दरमियान में रामगुलाम की पत्नी मर गई। पुलिस को बेटे की कुशल के लिए रिश्वत देती-देती मोहमयी माता मालकिन से भिखारिन बन गई, फिर भी, इस भ्रम में कि उसके पास छिपा धन है, एक पुलिस-अधिकारी ने उस बेचारी को वो-वो गालियाँ सुनाईं, ऐसी-ऐसी कमीनी धमकियाँ दीं कि सारा मुहल्ला त्रस्त हो उठा। अन्त में जिस बेटे के मोह में वह माता मर मिटी उसको दो वर्ष की सख़्त सज़ा हो गई। इसी बीच में भानुप्रताप तिवारी का सारा बहुमूल्य पुस्तकालय, उनकी लिखी पाण्डुलिपियाँ बेचकर मलुक्की ने जुआ खेल लिया था। उसके जेल जाते ही वह मोहमयी माता मर ही गई। ऐसे भयानक दुख से विदीर्ण होकर भानुप्रताप का मकान भी 'भहरा' पड़ा, जिसकी एक-एक ईंट या ढोंका दुनियादार पड़ोसी चुन ले गए।

अन्त में जुआड़ी कुलांगार रामगुलाम तिवारी का पुत्र बच रहा था—नन्दन—तेरह-चौदह साल का; जो दिन में सज्जन पड़ोसियों के यहाँ पशुवत परिश्रम करने और रात में दुष्टों के साथ कुकर्म करने पर टुकड़े पाता था। देखते-ही-देखते भानुप्रताप तिवारी के वंश का ऐसा हाल हुआ कि : जिनके महलों में हज़ारों रंग के फ़ानूस थे, झाड़ उनकी क़ब्र पर है और निशाँ कुछ भी नहीं !

बच्चा महाराज

"बाबू !" जवान लड़के ने वृद्ध, धनिक और पुत्रवत्सल पिता को सम्बोधित किया।

"बचवा...!"

"मिर्ज़ापुर में पुलिस सब-इन्स्पेक्टर की नौकरी मेरा एक दोस्त, जो कि पुलिस में है, मुझे दिलाने को तैयार है। क्या कहते हो ?"

"धन्यभाग्य, बचवा !" प्रसन्नप्राय पिता ने सुनाया, "पुलिस में तो हवलदार भी हो जाना घर में लक्ष्मी का पाँव तोड़कर बैठना होता है।"

"दोस्त ने लिखा है कि सब-इन्स्पेक्टरी तो धरी-जैसी है, लेकिन..."

"लेकिन क्या, बचवा ?"

"कोशिश-पैरवी में कुछ तो ख़र्चा-वर्चा लगेगा ही। रुपए डेढ़ सौ लगेंगे, तब मैं सब-इन्स्पेक्टर बन सकूँगा। मेरी चेष्टा भरसक यही रहेगी कि चुनार ही में मेरी नियुक्ति हो।"

चुनार में अपना बेटा छोटा दारोग़ा होगा, इस कल्पना ही ने वृद्ध पिता को कुछ ऐसा गुदगुदाया कि तिजोरी खोलकर उसने उसी समय डेढ़ सौ लाईदार विक्टोरिया रुपए बेटे के आगे गिन दिए। बेटे राम उसी समय दुघड़ी साध दो ही दिन बाद लौटने का वायदा कर

मिर्ज़ापुर को रवाना हो गए। एक दिन, दो दिन, तीन और चार दिन जब गुज़र गए तो पाँचवें का भी प्रभात हो गया तब पिता का माथा ठनका। उसे दाल में काला-ही-काला दिखाई पड़ने लगा। तब तक एक जाने-पहचाने महाशय मिर्ज़ापुर से आए, जिनसे वृद्ध व्याकुल बाप ने पूछा, "क्यों भाई, मेरे बेटे का भी कोई खोज-पता है ?"

"क्यों नहीं ! उसके तो गुलछर्रे हैं आजकल..." पिता को पूर्ण विश्वास हो गया कि उसका पूत निश्चय ही सब-इन्स्पेक्टर-पुलिस हो गया।

"गुलछर्रे ? तो हो गया वह सब-इन्स्पेक्टर-पुलिस ? भई, क्या ख़बर तुमने सुनाई है ! चलो मेरे घर, तुम्हारा मुँह मीठा कराऊँ।"

"मगर कौन भकुवा सब-इन्स्पेक्टर-पुलिस बना ?" हैरान परिचित ने कहा, "वह तो पिछले पाँच दिन से मिर्ज़ापुरी इक्के पर दो-दो तवायफ़ें बैठाए, अफ़ीम के ऊपर शराब चढ़ाए वहाँ के अय्याशों में चुनार का झण्डा फहरा रहा है। जाकर देखिए भी।"

इस पर हाय-तौबा करता हुआ बूढ़ा लालची बाप जब तक मिर्ज़ापुर पहुँचा तब तक पुत्र महाशय डेढ़ सौ तो उड़ा ही चुके थे, ऊपर से रण्डी-भड़वों के पचास रुपयों के कर्ज़दार भी हो चुके थे। लाचारी थी, बेटा अपना था, बदनामी का बड़ा भय था। अतः पिता ने पचास रुपए और पानी में डालकर बेटे का उद्धार किया। पिता का नाम था ब्रह्मा मिश्र, पुत्र का महादेव मिश्र उर्फ़ बच्चा महाराज।

मुहल्ला सद्दूपुर के सबसे अधिक धन-पुष्ट ब्राह्मण

थे ब्रह्मा मिश्र। हमारे कच्चे मकानों में परम पक्की हवेली एक उन्हीं की थी। पहली पत्नी से बच्चे न होने के सबब ब्रह्मा मिश्र ने दूसरी शादी की थी। तब महादेव मिश्र, एक भाई तथा तीन बहनें पैदा हुईं। महादेव मिश्र उर्फ़ बच्चा महाराज ने क्या पढ़ा था, कहाँ पढ़ा था, मुझे आज भी पता नहीं, पर सारे जीवन वह प्रथम श्रेणी के धूर्त, ऐय्यार, वस्तुतः बदमाश थे। वह उस सीमा के दुष्ट थे जिसके एक ही जूता आगे सहृदय सज्जनता का हलक़ा शुरू हो जाता है। वह बहुत आकर्षक वक्ता, सुरीले, परम रंगीन मिज़ाज, परम धूर्तराट, सर्वभक्षी, सर्वपायी और भगवान् झूठ न कहलाए—सर्व-भोगी थे। जवानी में उन्होंने चेचक का टीका लगानेवाले सरकारी इन्स्पेक्टर का काम कुछ बरसों किया; कुछ बरसों चुनार के चर्च मिशन स्कूल में संस्कृत-हिन्दी टीचर रहे। शेष सारा जीवन बच्चा गुरु ने अद्भुत, आकर्षक आवारगी में बिताया। बच्चा महाराज अभी गत कल तक जीवित रहकर प्रायः नब्बे वर्ष की दीर्घ उम्र में मरे। अन्त काल तक उनकी रंगीन-मिज़ाजी उनके साथ रही। बच्चा गुरु मेरे पिता के समवयस्क, मेरे बड़े भाई को चौपट घाट उतारनेवाले और मेरे तो गुरु ही थे। चर्च मिशन स्कूल, चुनार में तीसरी से छठी क्लास तक पं. महादेव मिश्र से मैं कोर्स की किताब की हिन्दी पढ़ता था। बच्चा गुरु अध्यापकी यों करते थे कि किसी पैसेवाले छात्र को दक्षिणा लेकर मानीटर बना देते थे। इसके बाद क्लास में आते ही वह तो कुरसी पर बैठे-बैठे टेबल पर पाँव पसार अफ़ीम के नशे में अध-सो जाते और राज करता था मानीटर। मुहल्ले का होने से

उनकी शराब-कबाब, जुआ-मण्डली में लघु सेवक की तरह उपस्थित रहनेवाले की हैसियत से, मुझे भी गुरुजी ने मानीटर बना दिया था।

गुरुजी मज़बूत-कमज़ोर दोनों ही प्रकार के छात्रों से ऊपर की आमदनी करना सनातन धर्म की रू से अपना जन्म-सिद्ध अधिकार मानते थे। चवन्नी से लेकर दस-पाँच रुपए तक सामर्थ्य ताड़कर बच्चा गुरु छात्र या उसके पिता से ले लेते थे। दक्षिणा के बाद क़र्ज़ भी लेने में उन्हें संकोच न होता। ग़रीब छात्रों से गाँव का घी, शहद, नया गुड़, तेल के अचार, ईख का रस, बाजरा, अरहर, जो भी सम्भव होता, ले लेते। मानीटर की हैसियत से मैं भी कमज़ोर कामरेडों से मुफ़्त की मिठाइयाँ और फल खा लेता था। हत्थे न चढ़नेवालों को स्वयं साधारण छात्र होने के बावजूद गुरुजी की कृपा से मैं मार तक बैठता था।

बच्चा महाराज महा भयानक, साथ ही, महा विचित्र व्यक्ति ! भयानक भी विचित्र होते ही रसज्ञों के देखने की वस्तु : एक रस हो जाता है। है कि नहीं ? बच्चा गुरु टीचर रहे हों या वैक्सिनेटर; सरकारी नौकरी में रहे हों या अर्ध-सरकारी; अफ़ीम, शराब, वेश्या और जुआ हमेशा उनके संग रहे। साथ ही, नित्य नेम से पूजा-पाठ भी। युगों तक वह मिट्टी का महादेव बना, हाथ का अर्घा, पार्थि-पूजन किया करते थे। दुर्गासप्तशती का पाठ भी उन्हें प्रिय था। वह स्तुति के श्लोक इतनी तन्मयता से, भावुकता से, स्वर और विरामयुक्त कहते थे कि लगता था इष्टदेव से प्रत्यक्ष बातें कर रहे हैं। शंकराचार्य द्वारा प्रस्तुत भगवती की शिखरणी छन्द

वाली स्तुति का गान वह भाव-विभोर होकर करते थे। 'गीतगोविन्द' के पद और 'विनयपत्रिका' के अनेक पद वह बहुत ही तेजस्विता से उपस्थित करते थे। ज्योतिष और वैद्यक, तन्त्र और मन्त्रों में भी उनकी मार्मिक गति थी। वह बात-बात में कोई तेज़ फ़िकरा, कोई श्लोक-खण्ड, कोई दोहा-चौपाई, शेर या कहावत जोड़ने में निहायत निपुण थे।

लेकिन पूजा के समय जो वह विग्रह के सामने मुँह बना, आँखों में आँसू भर लेते थे, वह यही सोचकर कि भगवान् भी ऊपर-ही-ऊपर देख धोखा खा सकता है। साथ ही, वह ख़ासकर भगवान् को भी पाठ पढ़ा सकते हैं। मुझे आज भी मज़े में याद हैं बच्चा गुरु के भाव जो वह जुआ में कौड़ी-कप्तेन विपरीत पड़ने पर व्यक्त किया करते। "हे नाथ !" वह भगवान् को सम्बोधित करते—"कहाँ भूल गए दयालो ! दास को ? प्रभो, दीनबन्धो, दया करो !" और कौड़ी-कप्तेन अपने पक्ष में पड़ते ही वह तड़पकर 'विनयपत्रिका' सुनाने लगते : जयति राज राजेन्द्र राजीव लोचन राम, नाम कलिकामतरु सामशाली। हेलया दलित भूभार भारी !

उन दिनों घर, मैदान, गंगा में नाव पर, पास के गाँवों में, जहाँ भी जुआ होता बच्चा गुरु उसमें ज़रूर उपस्थित होते। इस तरह गुरुजी ने इतनी बड़ी ज़िन्दगी आख़िर बिताई कैसे ? जुआ के लिए पुष्कल पैसे आवश्यक होते हैं। ठीक है। बच्चा गुरु ने उसकी युक्ति सोच रखी थी। पहले उन्होंने ख़ासी सम्पत्ति में जो उनका हिसा था उसे चुपचाप अपने छोटे भाई के नाम लिख दिया और फिर सूदख़ोर बनियों से उसी सम्पत्ति पर ऋण-पर-ऋण लेना

शुरू किया। क़लई खुली तब जब किसी बनिये ने दावा किया। कुर्की लेकर आने पर पता चला कि बच्चा गुरु का तो परिवार की सम्पत्ति से अरसे से कोई वास्ता ही नहीं। मैंने कहा, चुनार में बच्चा गुरु की सबसे ज़्यादा जजमानी थी और उन दिनों, फिर भी, कैसे भी, ब्राह्मण को कष्ट देते हुए सेठ-साहूकार, श्रीमान्, कम्पित होते थे। सो, साहूकारों ने कई हज़ार रुपए बट्टेखाते डाल, कान पकड़, जीभ दाबकर मंजूर किया कि चुनार में कोई गुरु है तो वह हैं पं. महादेव मिश्र उर्फ़ बच्चा महाराज। हज़ारोंवाले तो बच्चा गुरु को ब्राह्मण जान ग़म खाकर रह गए, लेकिन एक कोई बनिया ऐसा भी था जिसने सौ-पचास रुपए के लिए केस, डिग्री करा, अदालत के अहाते ही में गुरु को धर पकड़ा था। निर्णय था कि या तो वे रुपए देते या जेल जाते। बच्चा गुरु को जब हथकड़ी लगने लगी, उन्होंने अधिकारियों से अपने घर चलने को कहा, ताकि वह रुपये दे सकें। हथकड़ी पहने ही सिपाहियों के साथ अपने मुहल्ले में लाए गए, लेकिन इस शान से उनके आने का समाचार सुनते ही उनकी मालदार माता ने एक दमड़ी भी न देने का निश्चय कर घर का मज़बूत दरवाज़ा अन्दर से बन्द कर लिया था।

लेकिन, गुरुजी गुरु ही थे। चारों तरफ़ से हताश होने पर उन्होंने ऋण-दाता ही को दबोचा—"चल, नीच बनिये। ऊँ फट् स्वाहा ! कर ब्रह्म हत्या, क्योंकि जेल में मुझे अफ़ीम मिलेगी नहीं और बिना अफ़ीम मैं एक सैकण्ड जी नहीं सकता। चल, मैं ब्रह्म राक्षस बनकर तुझसे न निपटूँ तो ब्रह्मा मिश्र का नुत्फ़ा नहीं। अभी

तुझे पता नहीं है कि ब्राह्मण कैसा होता है। बच्चूजी ! अब तुम पड़े कठिन रावण के पाले। और पाठक विश्वास करें, वह बनिया भी खून घूँटकर रह गया था, लेकिन गुरुजी से छदाम भी उसके पल्ले न पड़ा था। और साहब, सारे जीवन कोई-न-कोई मतिमन्द, गाँठ का पूरा, उनके हत्थे बराबर चढ़ता ही रहा। अफ़ीम के ऊपर गाँजे की लम्बी चिलम एक ही हाथ की मुट्ठी से फुकफुकाकर लपलपाते हुए बच्चा गुरु निहायत लापरवाह भाव से ललकारते थे—अगड़ बम ! कमाए दुनिया खाएँ हम ! भोले अगड़ धत्ता ! चिलम पर चढ़ाकर फूँक दिया कलकत्ता !

मैं समझता हूँ साठ वर्ष की उम्र में बच्चा गुरु ने जुआ कम कर दिया था। अब वह बनारस के विख्यात वेश्या-बाज़ार दाल मण्डी के (जिसका चप्पा-चप्पा उनका जाना-बूझा था) आचार्य बन गए। साठ से प्रायः नब्बे की उम्र तक गुरुजी, सारा बनारस जानता है, सारे बनारस की वेश्याओं के विदित आचार्य थे। हर वेश्या चाहती कि वह उसी के घर पर रहा करें, क्योंकि गुरुजी सुन्दरी स्त्री के पीर-बाबर्ची-भिश्ती-खर तक आकर्षक प्रसन्नतापूर्वक बन जाते थे। वह वेश्याओं के घर जप-पूजा, सत्यनारायण, दुर्गासप्तशती के पाठ ललककर करते। उनके बच्चों की जन्म-कुण्डलियाँ बना देते, दलदार गबरू बनारसियों से उनका प्रोपेगण्डा कर देते। वह वेश्या को यार के यहाँ और मालदार आसामी को तवायफ़ के यहाँ स्वयंसेवकों की तरह पहुँचा देते। बच्चा गुरु की यह विशेषता थी कि उनकी सहानुभूति संसार के हर जीव से थी। किसी का कोई भी काम (सेवा नहीं)

महज़ सहज रूप से आनन-फानन अंजाम देने को वह सदा ही तत्पर रहते थे। मुहल्ले के कुछ लोग यह मानते कि बच्चा गुरु की परोपकार-तत्परता दलाली कमाने-मात्र की थी और वह दो उलझनों के निकट पार्टियों को पूर्णतः उलझाकर अपना उल्लू सीधा किया करते थे। हो सकता है, उनकी नीयत यही रही हो, लेकिन आज मुझे लगता है कि जन-सेवा—सारी बुराइयों के बावजूद—उनकी जान में घुली-मिली हुई थी। गीता में 'पण्डित' उसे माना गया है जो विद्या-विनय-सम्पन्न ब्राह्मण, गौ, हाथी, कुत्ता और चाण्डाल को भी समदर्शी-भाव एक नज़र से बराबर देखता हो। यथाशक्ति सबका कल्याण साधने में बच्चा गुरु समदर्शी थे। ब्राह्मण की सहायता करते हुए यदि कभी उन्हें चाण्डाल दुखग्रस्त नज़र आया होगा, तो उसी आग्रह से उसके लिए भी उन्होंने सोचा होगा। भले ब्राह्मण का काम करते समय गुरुजी गंगा के गुण-गान करते : त्वत्तीरेवसतः त्वदम्बु पिवतः और भंगी-मेहतर की मदद करते समय उनके लिए बुरी-बुरी गालियाँ मुँह से निकालते। बच्चा गुरु सौ में नब्बे बार निर्विकार लच्छेदार गालियाँ सुनाया करते थे। और तो और, गुरुजी जिन्हें गालियाँ सुनाते थे वे भी सहज प्रसन्न हँसा करते थे। चाहते थे कि गुरुजी और बकें।

और अब मेरे सामने चित्र आता है गुरुजी की विवाहिता धर्म-पत्नी गुलजारी चाची का। शायद वही बच्चा गुरु के जीवन की आदि या बुनियादी ट्रेजेडी रही हों। वह बड़ी कुरूपा थीं। उनका मुँह चेचक के दाग़ों से भरा, गोल, नाक छोटी, होंठ मोटे, छरहरी-लम्बी गुलजारी चाची। वह शायद बेशऊर स्त्री भी थीं। कहाँ बच्चा

गुरु-जैसा रंगीन-मिज़ाज वाममार्गी, कहाँ गुलजारी चाची-जैसी रंगभंगिनी वामांगिनी ! सो, ज़रूर विस्फोट हुआ होगा। बच्चा गुरु गुलजारी चाची को अपने शयन-कक्ष में कभी न बुलाते, बशर्ते कि अफ़ीम-विषयक कोई हाजत न हो और चन्द क्षणों के लिए भी चाची को देखते ही बड़े ज़ोर-ज़ोर से चीखते, ताकि सारा मोहल्ला सुने और जाने कि बच्चा गुरु अपनी पत्नी को लताड़ रहे हैं। वह उसे बुरी-से-बुरी गालियाँ सुनाते। और वह भी थी कि अपने दुर्भाग्य ही जैसी; बीच में फूटे ढोल-जैसे कण्ठ से कुछ-न-कुछ कु-भाषा बोल ही देती। बच्चा गुरु गुलजारी चाची को अक्सर मारते और अपनी जननी को भी परम अशोभन रूप से डाँटते-फटकारते थे।

गुरुजी जिस भी वेश्या के घर में कुछ दिनों टिककर रहे होंगे, ज़रूर कोई-न-कोई बहुत ख़ूबसूरत देख लेने के बाद। वह वेश्या की नवोढ़ा बेटी को मद्देनज़र रख उसकी माता से मुहब्बत करते थे। फिर उसे समझाते कि फलाँ ढंग से अगर यह लड़की पूजन-अनुष्ठान करे तो लखपती तो फँसा ही धरा है। और रंग बाँध, रण्डी को धूर्त्तता में बाँध, उसी के घर में कम-से-कम इक्कीस दिन का अनुष्ठान शुरू करते।

अब आप बच्चा गुरु का हुलिया नोट कर लें—पौने छः फुट लम्बे, छरहरे, गेहुआँ रंग, बड़ी-बड़ी भावुक आँखें, हमेशा मुखरित होने को फड़कते ओष्ठाधर, साधारण मूँछें, घुटी दाढ़ी, सिर पर इंगलिश-कट केश। बच्चा गुरु फ़ेल्ट टोपी, बनियान, कड़े कालर-कफ़ की कमीज़, शेरवानी, नफ़ीस धोती, जुर्राब और पम्प शू या विलायती कट बूट पहना करते थे। नाक पर हमेशा

चश्मे, हाथ में बराबर छड़ी। अँगुलियों में अँगूठियाँ, जेब में रेल-गार्ड घड़ी (जो उन्होंने जुए में किसी जुआरी गार्ड से जीती थी), एक हाथ में मलाई का पुरवा, दूसरे में नमकीन और मिठाई के दोने। साथ में एक-दो गण या चेले। अफ़ीम, गाँजा या मदिरा, अथवा इनमें से दो या तीनों के नशे में धुत वह जब रास्ते में चलते थे, सारी राह पाँवों से कहीं ज़्यादा तेज़ बच्चा गुरु की ज़ुबान चलती थी।

अब जब चर्चा चल ही पड़ी है, तो और एक चित्र गुरुजी का दिखलाऊँ। बच्चा गुरु ब्राह्मण-वेश में चन्दन और चश्मे चढ़ाए, उत्तरीय ओढ़े, ऊन के आसन पर नशे में चक्क जमे कोई मन्त्र कई बार जपने के बाद सामने बैठी युवती की ओर फूकें मार रहे हैं। युवती गुरु की चहेती वेश्या की बेटी है। नथुनी अभी उतरी नहीं है। वह सुमुखी, सुनयना, गौरी, मतवाली—गुरु की नज़रों में ब्लैक लेबिल जानीवाकर व्हिस्की की उल्लास-लासमयी प्याली। युवती सुनयना को उसकी माता की हिदायत थी कि वह बराबर गुरुजी की तरफ़ देखती रहे, ध्यान से, ताकि पूरी तरह लाभ हो मन्त्र-अनुष्ठान से।

वेश्या-बाज़ार में यार की तरह, ऐयार की तरह, तन्त्री की तरह, मन्त्री की तरह, बुजुर्ग की तरह, बाबा की तरह, तरह-तरह की सूरतें हर तरह से देखते ज़िन्दगी के राजपथ से बच्चा गुरु लहर-बहर प्रायः नब्बे की उम्र में गुज़रे। अन्त में वे धनुष की तरह झुककर चलते थे। परन्तु उनकी आँखें बोलती, बड़ी और आवाज़ कड़कदार अन्त घड़ी तक वैसी ही रही। बच्चा महाराज किसी का भी बुरा नहीं चाहते थे, फिर भी, उनके विचित्र चरित्र

के आकर्षण से मुहल्ले के तरुण बरबाद हो गए। कुछ नहीं तो सैकड़ों तरुणों को उन्होंने हराम-घाट पर इस उत्साह से उतार दिया होगा मानो राम ही का काम अंजाम दे रहे हैं !

पं. जगन्नाथ पाँडे

अब मैं चौदह साल का हो चला था कि रामलीला-मण्डली से छुट्‌टी मनाने बड़े भाई के संग चुनार आया। इस बार अलीगढ़ में किसी बात पर महन्त राममनोहरदास और मेरे बड़े भाई में वाद-विवाद हो गया था, जिस पर भाई ने लीला में स्वयं काम करने या मुझे करने देने से इन्कार कर दिया था। महन्त ने धमकाया था कि लीला में विघ्न पड़ा तो वह हमें पुलिस के हवाले कर देगा। सो, अलीगढ़ से भाई साहब रामलीला-मण्डली-जीवन से ऊबकर आए थे।

जानकार जानते होंगे कि चौदह-पन्द्रह साल की वय में जवाहरलाल और श्रीप्रकाश लन्दन में शिक्षा पा रहे थे—उत्तम-से-उत्तम। लेकिन उसी उम्र में मुझे क्या शिक्षा मिली थी, मेरा जी ही जानता था। सच तो यह है कि शब्द शिक्षा मेरे निकट आते-आते भिक्षा बन जाया करता था। रामलीला-मण्डली की आवारगी से मैं उतना नहीं परेशान था, जितना कि बड़े भाई के गाँजा-मत्त क्रोधी स्वभाव से। उनकी-मेरी संगत क़साई-बकरे का साथ। क़साई भी वह जिसके बारे में कहावत है—ख़स्सी जान से गया, क़साई को कोई ज़ायका ही नहीं मिला। ख़ैर !

इस बार जो हम घर पर आए तो न जाने क्या मेरे

सौभाग्य जागे कि मेरे पुत्रहीन पितृव्य (चचा) ने, चाची की सलाह मानकर, मुझे गोद लेने का इरादा मेरे बड़े भाई पर ज़ाहिर किया। इस प्रस्ताव से बड़े भाई का गला ही छूटता था, सो उन्हें राज़ी होने में देर न लगी। मैं चचा की गोद चला गया। अब उन्होंने, बाक़ायदा, मेरी शिक्षा-दीक्षा का निर्णय किया। फलतः चौदह वर्ष की वय में चुनार के चर्च मिशन स्कूल में मेरा नाम थर्ड क्लास में लिखाया गया। और मैंने स्कूल का मुँह देखा। थर्ड ही क्लास में दुनियादारी, ऐयारी और यारी में मैं टीचर की कुरसी पर आसीन होने योग्य था। थर्ड, फोर्थ, फ़िफ्थ पास कर सिक्स में मैं पहुँचा ही था कि मेरी चाची के एक सुन्दर-सा पुत्र पैदा हो गया। सो, चचा-चाची का वात्सल्य-बाज़ार-भाव गिरते देर न लगी। गोद भी मैं जुबानी लिया गया था, विधि-विरहित, सो मुझे पुनः कठोर धरती पर धम-से पटक देने में अदूरदर्शियों को देर न लगी। चचाजी अपने परिवार के साथ काशी चले गए। मैं पुनः उसी भाई के ग़ैर-ज़िम्मेदार चंगुल में लाचार जकड़ा गया। 'पुनि मो कहँ सोइ दिन, सोइ राती।' फ़ीस की कमी, कपड़ों की कमी, राशन की कमी। आधिक्य उपदेशों और पिटाई की ! घास-न-भुस खरहरा दस बार। इस सबके ऊपर कष्टदायी था भाई का बराबर जुआरत रहना। जीवन को सम्यक् कर्म के सहारे न छोड़ भाई साहब ने जुआ के आसरे छोड़ रखा था।

इसी बीच स्कूल में एक घटना घटी। मौलवी लियाक़त अली नामक एक कठमुल्लाजी थे, जो उर्दू, फ़ारसी और अर्थमेटिक छह-सात-आठवीं क्लासों को पढ़ाया करते थे। उनके विचार उस समय की हवा के

अनुसार हिन्दू-भावना-विरोधी थे। कई बार क्लासों में पढ़ाते-पढ़ाते वह कोई ऐसी बात बक जाते जिससे हिन्दू विद्यार्थियों को मार्मिक चोट लगती। उनकी इन हरकतों से हिन्दू-विद्यार्थी खिन्न और क्रुद्ध होने पर भी विवश थे। इधर मैं अपने भाई के अनुचित आचरणों से आकुल हो विद्रोही बनने को ललक रहा था कि मौका आया। मौलवी ने एक दिन सेवन्थ क्लास में सुनाया कि हिन्दुओं के देवता तो मेरे पाजामे में बन्द रहते हैं। उस दिन क्लास के बाद कुछ लड़के बहुत ही नाराज़ नज़र आए। तय पाया कि मौलवी का इलाज करने के लिए बनारस के जयनारायण हवाई स्कूल के प्रिंसिपल साहब को तार से कठमुल्ला के दुर्व्यवहार की सूचना दी जाए। लेकिन अपने नाम के तार भेजने को कोई तैयार नहीं था। बिल्ली को घण्टी बाँधने में भय था रस्टिकेशन (स्कूल से बाहर किए जाने) का। मैंने सोचा, रस्टिकेट होने में यह लाभ रहेगा कि पढ़ने से जान बचेगी, सो तार मैंने अपने नाम दिलवा दिया—"मौलवी लियाकतअली, मिशन टीचर इन्सल्ट्स अवर रिलिजस फ़ीलिंग्स; नो सेटिसफैक्ट्री इन्क्वायिरी।—बेचन पाँडे।" असल में चुनार का चर्च मिशन स्कूल काशी के जयनारायण मिशन स्कूल के अधीन था। अतः तार पाते ही अंग्रेज़ प्रिंसिपल साहब चुनार में, और बन्देख़ाँ स्कूल से ग़ायब। क्योंकि रस्टिकेट होना और बात थी और बेंत खाना बिलकुल ही और बात। विद्यार्थी को डिसिप्लिन में रहना चाहिए। मैंने डिसिप्लिन के ख़िलाफ़ काम किया था। पाते तो वे मुझे आदर्श बनाने के लिए सारे स्कूल के सामने बेंतियाते। नहीं पाया, तो रजिस्टर से मेरा नाम ही

उड़ा दिया। लेकिन बचे मौलवी साहब भी नहीं। प्रिंसिपल ने उनकी सख़्त तम्बीह की। संयोगवशात् उन्हीं दिनों काशी में चचा के यहाँ उनकी लड़की का गौना पड़ा, जिसमें सम्मिलित होने के लिए हमारे घरवाले भी बनारस गए थे। मौक़ा पाकर, वहीं, चचा से मैं गिड़गिड़ाया कि वे मेरी भी पढ़ाई का प्रबन्ध करें, नहीं तो मैं कहीं का भी न रहूँगा। उन दिनों चचा साहब की चलती थी। ख़ासी आमदनी और ख़ासा ख़र्चा था। काशी में उन्हीं के व्यय से उनका दामाद पढ़ता था और एक साला भी। मुझे तो चन्द ही महीनों पहले वह चुनार में पढ़ा ही रहे थे। उन्होंने मुझे भी काशी में रहकर पढ़ने की इजाज़त दे दी। चर्च मिशन स्कूल चुनार से मुझे जो सर्टिफिकेट मिला उसमें कन्डक्ट फ़ेयर लिखा गया। ख़ैर ! बनारस के विख्यात हिन्दू (कालिजिएट) स्कूल में छठे दरजे में ले लिया गया। उस समय स्थानापन्न प्रधानाध्यापक के पद पर देव-तुल्य बालकों के हितैषी श्री कालीप्रसन्न चक्रवर्ती महोदय थे। चक्रवर्तीजी ने जब मुझसे सर्टिफिकेट में कन्डक्ट फ़ेयर का सबब पूछा तब चपल वाचालतापूर्वक मैंने बतलाया था, क्योंकि वह क्रिश्चियन स्कूल था और मैं था ब्राह्मण, अतः यह स्थिति उत्पन्न हुई। और लियाक़तअली का क़िस्सा भी मैं सुना गया था। मैंने लिखा है ऊपर, चक्रवर्ती महाशय बालकों के वरदानी हितैषी थे। करेक्टर मेरा बैड भी लिखा होता तो भी भरसक वह सरस्वती-मन्दिर से मुझे विमुख न फेरते। उनका बड़ा मान था, महामना मालवीयजी की नज़रों में, काशी के बड़े-बड़ों में। हिन्दू स्कूल से छठी और सातवीं क्लासें चचा की कृपा से मैंने

पास कीं। इसके बाद चचा ने काशी के खोजवाँ मुहल्ले में एक मकान ख़रीदा और भदैनी से वहीं जाकर रहने लगे, हमें अपने-अपने रस्ते लगने का संकेत कर।

मैं अब निराश्रय होने के बाद, लक्ष्मीकुण्ड के विख्यात लक्ष्मी-मन्दिर में अपने जलालपुर गाँव के काका रामानन्द दुबे के साथ रहने लगा। रामानन्दजी ब्राह्मण-वृत्ति से चार पैसे कमाते थे। अन्नपूर्णा-मन्दिर में भी उनका प्रवेश था। मेरा ख़याल है, उदार श्री कालीप्रसन्न चक्रवर्ती ही ने दिवंगत दानवीर बाबू शिवप्रसादजी गुप्त के नाम एक रुक्का लिखकर मुझे दिया था, ताकि बाबू साहब मेरी फ़ीस और भोजन की व्यवस्था कृपया कर दें। रुक्का लेकर मैं 'सेवा उपवन' गया—ढाई कोस पैदल, नंगे पाँव। शिवप्रसादजी-जैसे बड़े आदमी मुझसे क्या मिलते—अलबत्ता काम मेरा हो गया और मैं 'सेवा उपवन' से महीने-भर खाने क़ाबिल आटा, दाल, चावल, तेल, नमक और लकड़ी के कुछ नक़द पैसे शायद लेकर यानी सिर पर लादकर नगवा से महालक्ष्मीजी आया। साल-भर तक इसी तरह मैं 'सेवा उपवन' के अन्नसत्र से सामग्री सिर पर लादकर ले आता।

अब मैं आठवें दरजे में था। तब स्कूल के हेडमास्टर श्री गुरुसेवक सिंह उपाध्याय थे। महामना मालवीयजी ने उपाध्यायजी की शिक्षा-सम्बन्धी योग्यता से मुग्ध होकर उन्हें सरकार से हिन्दू स्कूल का प्रधान बनने के लिए कुछ वर्षों के लिए उधार माँग लिया था। गुरुसेवकजी सरकारी ड्यूटी से ताज़ा-ताज़ा आने के सबब श्रेष्ठ हेडमास्टर होने पर भी 'छुट्टी पर डिप्टी-कलेक्टर' भी थे। आते ही उन्होंने विद्यार्थियों पर

नियंत्रण का नीरस पंजा कसा—सिर पर टोपी क्यों नहीं है ? ये जुल्फ़ें सँवरी क्यों हैं ? बोलते वक्त मुस्कराते क्यों हो ? रामू श्यामू के गले में हाथ डालकर क्यों चला ? ख़बरदार जो कोई विद्यार्थी किसी के गले में हाथ डालकर चलता पाया गया ! ठीक नहीं होगा। क्या जनानी सूरत बना रखी है ? मर्दों की तरह रहो।

उपाध्यायजी की बातें सौ-में-सौ ठीक होती थीं—शायद कहने का ढंग या उस ढंग में स्नेह-संचार सम्यक् नहीं होता था। आज तो मैं यही मानूँगा कि उनकी बातें ठीक थीं, हमारी ही बुद्धि विपरीत थी, ख़ासकर मेरी। एक दिन विद्यार्थियों और अध्यापकों की एक गोष्ठी में तुकबन्दी पढ़कर उपाध्यायजी के लहज़े ही में मैंने सुनाई जो नितान्त अनुचित बात थी, भयानक दुस्साहस था। जब मैं वह तुकबन्दी पढ़ रहा था 'अनुचित-अनुचित-भाव' में कई अध्यापक कुरसी से उचक तक पड़े थे। दूसरे दिन स्कूली पढ़ाई समाप्त होने के बाद ही उपाध्यायजी ने मुझे हेडमास्टर के कमरे में बुलाया। चाहा उन्होंने कि मैं क्षमा चाहूँ वैसी तुकबन्दी, उस भाव से पढ़ने के लिए। लेकिन मैं ढीठ ही रहा; धृष्ट भी। दूसरी ओर वार्षिक परीक्षा में भी फेल हो गया। परीक्षा में फेल होना असाधारण दुर्भाग्य ! अब बाबू शिवप्रसाद गुप्त के सत्र से न तो आटा मिलने की आशा, न दाल। फ़ीस तक मोहाल। सो, मैंने बनारस में निराधार ठोकरें खाने से बेहतर अपने घर की लातों को समझा। मैं भाई के यहाँ चुनार भाग आया। बड़े भाई साहब मालगुजारी की तहसील-वसूली के सिलसिले में गाँव (जलालपुर माफ़ी) गए हुए थे।

दूसरे दिन गाँव की किसी अहीरन ने मुझे दस रुपए का एक नोट दिया कि मैं भाभी को दे दूँ, भाई साहब ने भेजा है। दस का नोट हाथ लगते ही भाई के भय के मारे—कि मुझे फ़ेल हुआ सुनकर वह क्या न कर डाले—मैं मात्र धोती-कमीज़ और एक अँगोछा लिये चुनार स्टेशन चला आया। समय साध, पहली ही ट्रेन से कलकत्ता भाग जाने के लिए।

कलकत्ता शहर में पहली बार मैं भूखे, निराश्रय, भगोड़े की तरह पहुँचा था। कलकत्ते में मेरे पड़ोसी भाई विश्वनाथ त्रिपाठी रहते थे, जिनका (सन् 1919 के अन्त में भी) 'विश्वमित्र' के विज्ञापन-विभाग से तेजस्वी सम्बन्ध था। मुझे मालूम था कि तब 'विश्वमित्र' नारायण बाबू लेन अफ़ीम चौरस्ता से निकलता था। वहीं पहुँचने से विश्वनाथ भाई के डेरे का पता चलता। हवड़ा पुल पार ट्राम पर सवार हो मैंने नारायण बाबू लेन का टिकट माँगा, तो कन्डक्टर ने मुझे नीचे उतार दिया। कितना भटका मैं महानगरी के महा मकानों के वन में 'विश्वमित्र' कार्यालय ढूँढ़ता ! और पानी बरसने लगा। जब मैं मछुआ बाज़ार, क़साईपाड़े में भटक रहा था, बरसात का पानी पाँवों के नीचे घुटने-घुटने बह रहा था। बड़ी मुश्किलों, बड़े फेरों के बाद मैं 'विश्वमित्र' कार्यालय के द्वार पर पहुँचा था। सामने सीढ़ियों का सिलसिला। दफ़्तर ऊपर के तले में था। नीचे रुककर पहले मैंने तरबतर धोती और कमीज़ निचोड़ी, तन का जल भी यथासाध्य सुखाया। फिर गीले ही कपड़े मैं ऊपर की तरफ़ बढ़ा। 'विश्वमित्र' के विख्यात संचालक बाबू मूलचन्दजी अग्रवाल से मेरी पहली मुलाकात इसी ठाट

में हुई थी। मैंने उनसे कहा था—"मैं चुनार से आ रहा हूँ। विश्वनाथ त्रिपाठी का पता चाहता हूँ।" "विश्वनाथजी तो," निराश, मगर सदय, अग्रवालजी ने बतलाया, "कल ही रात चुनार चले गए !"

लाला भगवान 'दीन'

अरसा हुआ वाराणसी के दैनिक अखबार 'आज' में आदरणीय पं. श्रीकृष्णदत्तजी पालीवाल की चर्चा करते हुए मैंने लिखा था कि मेरे पाँच गुरु हैं, जिनमें एक पालीवालजी भी हैं। उन पाँचों में मैं अपने उन ज्येष्ठ अग्रज को भी मानता हूँ जिनकी पिछले पृष्ठों में मैंने भूरि-भूरि भर्त्सना की है। बेशक वह ग़ैर-ज़िम्मेदार, बदमाश, बदचलन, बिल्कुल बद व्यक्ति थे, लेकिन जब मैं क ख ग लिखना भी नहीं जानता था, तब उन्हें साहित्य पढ़ने ही नहीं यथाशक्ति लिखने का भी शौक़ था। तत्कालीन समस्यापूर्ति ('रसिक रहस्य', 'प्रियंवदा' आदि) मासिक पत्रों में अपने-तो-अपने मेरी भावज के नाम भी रचकर समस्यापूर्तियाँ प्रकाशित कराते थे। एक बंगाली डॉक्टर को हिन्दी पढ़ाते-पढ़ाते उन्होंने बँगला भाषा सहज ही सीख ली थी। फलतः बँगला पुस्तकों के सस्ते संस्करण तथा 'भारतवर्ष' नामक विख्यात बँगला मासिक पत्र भी वह मँगाया करते थे। वह हमारे सामने बैठकर कवित्त रचते, लेख लिखते। प्रत्यक्ष न सही, लेकिन अप्रत्यक्ष रूप से भाई साहब के इस विद्या-व्यसन का बेचन पर बहुत शुभ प्रभाव अवश्य पड़ा होगा। सो, वह ख़राब आदमी—मेरा बड़ा भाई—मेरा आदि-गुरु था। पालीवालजी के दर्शन तो बहुत बाद में प्राप्त हुए। बीच

में पं. काशीपति त्रिपाठी, लाला भगवान 'दीन' और पण्डित बाबूराव विष्णु पराड़कर के शुभ नाम हैं। काशीपति त्रिपाठी और लाला भगवान 'दीन' मुझे तब मिले जब कमलापति त्रिपाठी से मेरा परिचय हुआ। वैसे कमलापतिजी हिन्दू स्कूल और मेरी ही कक्षा में पढ़ते थे, लेकिन मैं था फटे हाल अदना बालक और कमलापति थे प्रतिष्ठित पैसापति-पुत्र। ब्राह्मण हमारे ही रंग के लेकिन अधिक चटकदार। सरयूपारीणों में पंक्ति, यानी परम श्रेष्ठ। कमलापति धवल-नवल वस्त्र धारण कर माथे में भस्मी लगाए स्कूल आते। मैं जाता हीन-दीन मलीन कपड़े पहने—धूल उड़ती चेहरे पर। मुझमें और कमलापति में ऐसा कोई भी साम्य न था कि हम मिलते। वह तुंग हिमालय-शृंग, मैं धूलि धँसी धरती की। लेकिन एक घटना घटी, जिससे मैं रातों-रात हिन्दू स्कूल के विद्यार्थियों में विशेषतः विज्ञापित हो गया।

उन दिनों प्रधानाध्यापक थे रतिलालजी देसाई महोदय। अतः गांधीजी का जन्म-दिवस स्कूल में अधिक उत्साह से मनाया गया था। खचाखच भरे हॉल में सभा हुई थी; निमन्त्रित एवं स्कूल के विद्वानों के गांधीजी के आदर्शों पर भाषण हुए थे। उसी सभा में महात्माजी पर मैंने एक तुकबन्दी (रोला छन्द में) पढ़ी थी। बिलकुल गलत-सलत, रद्दी। लेकिन उसमें गांधीजी का नाम था, साथ ही, विदेशियों के विरुद्ध विचार थे। बस, फिर क्या था ! वह तो राष्ट्रीय भावना से भरी संस्था थी ही। हो-हो, हा-हा ! तालियों की गड़गड़ाहट। और दूसरे दिन बेचन पाँडे हिन्दू स्कूल में माननीय कवि ! बनारस के स्कूली प्रतिभाशालियों की काव्य-शक्ति की उस परीक्षा

में, जिसमें परीक्षा-पत्र की तरह रचना लिखकर यशस्वी महाकवि सुमित्रानन्दन पन्त, शील्ड और प्रथम पुरस्कार जीतकर ले गए थे, उसी में मेरी तुकबन्दी मुकाबिले में दोयम मानी गई थी। मुझे भी द्वितीय पुरस्कार प्राप्त हुआ था। यद्यपि रचना श्रेष्ठ पन्तजी की थी, मेरी कुछ भी नहीं थी, लेकिन स्कूल में प्रतिभा का अभाव होने से मुझ अंधे के हाथ भी बटेर लग गई थी। इन्हीं घटनाओं के निकट कभी कमलापति त्रिपाठी से मेरा परिचय हुआ होगा, जो मात्र परिचय नहीं, हम दोनों ही के जीवन में ज़बरदस्त मोड़ बनकर रहा। मेरा ठौर कहाँ, ठिकाना कहाँ; सो, बरसों मैं कमलापति ही के द्वार पर पड़ा रहता। विख्यात नाटककार श्री लक्ष्मीनारायण मिश्र भी उन्हीं दिनों कमलापति ही के विशाल भवन में संभवतः किराएदार की तरह रहा करते थे। कमलापति के फाटकवाले कमरे में विशेषतः उन्हीं के घर की पुस्तकों से हमने एक पुस्तकालय खोला था—श्री लक्ष्मीनारायण पुस्तकालय। वहीं से हम 'उग्र' नाम का एक हस्तलिखित, सचित्र मासिक पत्र भी प्रकाशित करते थे। कमलापति के घर में मेरी क़द्र पहले उनके बड़े भाई काशीपतिजी ने समझी ही नहीं, यों विघोषित किया कि उनके परिवार में और पड़ोस में और परिचितों में भी ज़िक्र मेरा मुझसे बेहतर प्रमाणित होने लगा। काशीपतिजी को हम सब 'बड़के भैया' कहा करते थे। उनके गुरुदेव थे गदाधर शर्मा नाम सत्पुरुष, जिनका देहान्त हो चुका था। गदाधरजी को काशीपतिजी परम भावुकता से स्मरण किया करते थे। उनका अभाव उन्हें जैसे खटकता था। उन्हीं की वार्षिक तिथि आई और उस अवसर पर

काशीपतिजी को प्रसन्न करने के लिए मैंने घनाक्षरी छन्द में गुरुजी के बारे में, काशीपतिजी की ओर से एक कवित्त रचा—

काहू करसी को मैं न रह्यौं, पर, जाकी कृपा
तनु-तरु माहिं बुद्धि पाई सुधा-फर-सी।
नेह दिन दूनों रात चौगुनो ठयो जो रह्यौ
भूलिहू न जाकी दृष्टि मो पै भई पर-सी।
वासना ज़हर-सी, हर-सी थी कामवासना न,
रही मुख-मण्डल पै छटा गदाधर-सी।
बरसी गयी है बिनु जाके मम-आस-लता
ताहि गुरुदेव जू की आई आजु बरसी।

लेकिन यह अध्याय काशीपतिजी अथवा कमलापतिजी का नहीं, यह तो श्रद्धेय गुरुदेव लाला भगवान 'दीन' जी का अध्याय है जो मेरे भाई के बाद, दूसरे पथदर्शक थे। असल में कमलापति के यहाँ पहुँचने के कारण ही मैं लालाजी के निकट पहुँच पाया था, अतः पति-भाइयों की चर्चा इस प्रसंग में आवश्यक हुई।

बात यों बनी। मैंने ध्रुवचरित पर एक खण्ड-काव्य लिखा था, फ़र्मे-सवा फ़र्मे का। कमलापति की विदुषी भानजी स्वर्गीया श्यामकुमारी मिश्र ने उसे छपाने-योग्य रुपए दिए थे। पाण्डुलिपि और रुपये लेकर जब मैं भूमिहार ब्राह्मण प्रेस में गया, तब उसे देखने के बाद प्रेस के योग्य संचालक ने बतलाया कि रचना में दोष अनेक हैं, अच्छा हो छपाने से पूर्व संशोधन करा लिया जाए। सो, मैं स्वरचित 'ध्रुव-धारणा' की पाण्डुलिपि लेकर जगन्नाथ शर्मा के बड़े भाई चण्डिकाप्रसाद शर्मा के साथ लालाजी के डेरे पर गया।

लाला भगवान 'दीन'जी की पर्सनेलिटी उनके उपनाम के अनुरूप ही थी। मुँह पर चेचक के दाग़, पक्का रंग, ठिगना क़द, मटमैला, भद्दा मुंशियाना लिबास। अलबत्ता लालाजी जब बोलने लगते थे तब उनके व्यक्तित्व की असाधारणता स्पष्ट हो जाती थी। लालाजी ने कई दिन तक परिश्रम कर मेरा खण्ड-काव्य प्रेस-योग्य तो बना ही दिया। वह काव्य महाकवि अयोध्यासिंह का 'प्रिय प्रवास' परम प्रेमपूर्वक कई बार पढ़ने के बाद प्रायः उन्हीं छन्दों में लिखा गया था। आरम्भ हुआ था कमलापति की ख़ुशामद से—

जिस प्रकार पयोदधि में सदा
कमल-लोचन श्री-युत शोभते
बस, उसी विधि से उर-'उग्र' में
निवसिये बसिये कमलापते !

लाला भगवान 'दीन' की 'हॉबी' थी पढ़ाना-पढ़ना, पढ़ना-पढ़ाना। एक विद्यालय खोलकर नियम से वह विद्यार्थियों को उसमें सम्मेलन का कोर्स, निष्काम पढ़ाया करते थे। लिखने-पढ़ने से फ़ुरसत पाते ही लालाली विद्यार्थियों को घर भी पढ़ाया करते। हिन्दू विश्वविद्यालय के लेक्चरर तो थे ही। लालाजी अखाड़िया स्वभाव के दंगली विद्वान् थे। भाष्य, समीक्षा, निबन्ध, काव्य—इन सब कलाओं में लालाजी गम्भीर निपुण थे। सबसे ऊपर उनका हृदय सहज-कोमल स्नेहमय था। प्रसन्न-वदन 'विनयपत्रिका' विद्यार्थियों को पढ़ाते-पढ़ाते लालाजी भक्ति-विभोर, सजल-नयन, गद्गद-गिरा हो जाते थे। आचार्य विश्वनाथप्रसाद मिश्र, सलोने लेखक श्रीकृष्णदेव प्रसाद गौड़ 'बेढब', कोशकार स्व. मुंशी कालिकाप्रसाद

लालाजी के शिष्यों में से हैं। मुझमें यदि कुछ प्रतिभा थी तो उसे लालाजी के मात्र आशीर्वाद का पोष प्राप्त हुआ। पढ़ा वह मुझे न पाए।

पढ़ा भी कहीं हर जन्म में जाता है ? किसी जन्म में पढ़ लिया—बस; जन्म-जन्मान्तरों के लिए बस हो गया। 'गुरु-गृह गये पढ़न रघुराई, अल्पकाल विद्या सब पाई' गाया गोस्वामीजी ने। तुलसी के राम सारी विद्याओं से पूर्व (जन्म के) परिचित थे, सो उन्हें अल्पकाल ही में सारा ज्ञान उपस्थित हो गया था। दूसरी बात यह कि यदि प्रेम के महज़ ढाई अक्षर पढ़ लेने से पण्डिताई का बिल्ला मिल सकता हो तो ढाई हज़ार पुस्तकें पढ़ने के बाद हज़ारीप्रसाद बने वह—मेरा मतलब वही—जो अक़्ल का जहाज़ हो।

एक बात बताऊँ ? मधुर महाकवि श्री जयशंकर प्रसाद की तम्बाकू-जर्दा की दुकान वेश्याओं के मोहल्ले के सिंह-द्वार पर थी। 'प्रसाद' जी की दुकान पर आध घंटा बैठने ही से वेश्या बाज़ार की बानगी बहुत-कुछ मिल जाया करती थी। लाला भगवान 'दीन' का भाड़े का मकान तो बिलकुल ही पिछवाड़े था, उस आकर्षक दाल मण्डी के। जयशंकरजी वैसे गोवर्धन सराय में रहते थे, लेकिन दुकान से आते-जाते शत-शत मंगला-मुखियों का दर्शन वेश्यागामी का बिल्ला लगाए बगैर ही मिलता था। लाला भगवान 'दीन' हमेशा तम्बाकू जयशंकर ही की दुकान की पीते थे। 'प्रसाद'जी जब-जब दुकान पर होते तब-तब सुखद हास्य-व्यंग्य की दो-दो चोंचें ज़रूर होती थीं।

मुझ पर तत्कालीन महारथियों की कृपा भूरि-भूरि

थी। 'ध्रुव-धारणा' के बाद दूसरी कृति जब मैंने 'महात्मा ईसा' के रूप में प्रस्तुत की तब उसका सम्यक् संशोधन लालाजी ने किया था। पुनर्वाचन प्रेमचन्दजी ने। प्रेमचन्दजी ने वह राय लिखी ईसा नाटक के बारे में कि कोई आज भी पुस्तक के आरम्भ में पढ़ ले। श्रद्धेय सम्पूर्णानन्दजी की स्पष्ट सम्मति भी छपने के पूर्व ही मुझे प्राप्त हो चुकी थी। पहले सौ-में-सौ साहित्यिक ऐसे होते थे जो कहीं ज़रा भी प्रतिभा, ज़रा भी प्रसाद देखते ही उसका यथोचित आदर करते थे। आज जैसे वह चीज़ चली ही गई है। आज भी पाण्डेय बेचन शर्मा 'उग्र' को लिखना ख़ाक-पत्थर आता है, आप जानते हैं—लेकिन आज से प्रायः चालीस वर्ष पूर्व विख्यात पत्रकार और कलामर्मज्ञ 'अभ्युदय' के सम्पादक पं. कृष्णकान्त मालवीय महोदय जब मुझ पर मुग्ध हुए तब काशी आने पर 'मर्यादा' कार्यालय, ज्ञान-मण्डल, बुलवाकर उन्होंने श्रद्धेय सम्पूर्णानन्दजी से आग्रह किया था कि वह मुझ पर कृपालु रहें, "क्योंकि इनमें जो लेखक है वह असाधारण है।"

उन्हीं दिनों एक घटना और विचित्र ही घटित हुई थी। कानपुर से, 'प्रताप' पत्र से, श्री बेनीमाधव खन्ना नामक किन्हीं सज्जन ने हिन्दी-कवियों से एक राष्ट्रीय-गान-रचना प्रतिद्वन्द्विता में शामिल होने का आग्रह किया था। विजयी को हज़ार रुपए पुरस्कार की घोषणा थी। प्रतियोगिता के जजों में पं. महावीरप्रसाद द्विवेदी, गणेशशंकर विद्यार्थी, (सी. पी. के) जगन्नाथप्रसाद 'भानु', रामदासजी गौड़-जैसे परमाचार्य लोग थे। इस प्रतिस्पर्धा के लिए लालाजी ने भी जब एक गान प्रस्तुत

किया, तब मेरे मन में भी आया कि अँधेरे में एक तीर मारने में घाटा ही क्या है। मैंने भी एक गीत गढ़कर भेज दिया। जब परिणाम प्रकट हुआ, तब जजों ने एक भी रचना राष्ट्रीय-गान होने योग्य नहीं मानी। वैसे हज़ार रचनाओं में चार रचनाएँ एक श्रेणी की मानी गई थीं। उन चारों रचनाकारों के अब नाम सुनिए– मैथिलीशरण गुप्त, अयोध्यासिंह उपाध्याय, कुल पहाड़ के एक कोई शिवकुमार शर्मा, और पाण्डेय बेचन शर्मा 'उग्र'। लालाजी की रचना रसज्ञों को स्पर्श न कर पाई। मेरा नाम बड़े-बड़ों के साथ विज्ञापन में आया। इस वाकया से गुरु गुड़ ही रहते हैं, पर चेले के चीनी बन चलने की चाशनी में तार-पर-तार पड़ने लगते हैं।

नीचे मैं उस काल की लिखी एक-दो घनाक्षरियाँ उद्धृत करता हूँ, जिन्हें ज़रा इधर-या-उधर छूकर लालाजी ने चमका दिया होगा, साथ ही, जिनमें न जाने क्या पाकर वह मुझ पर वरद हो उठे होंगे।

सुख का पता

बागन में, वारिज में, वल्लरी में, वापिका में,
बौर में, बसन्त-द्रुमहू के खोजि डार्‌यों मैं।
वृन्दावन कुंज, वन व्रजबनितान-पुंज,
गुंजरत मंजुल मलिन्द पंखि हार्‌यों मैं।
वाराणसी धाम, वामदेवजू को नाम, दिव्य
देवसरि धार में न देखि निरधार्‌यों मैं–
विश्व बीच है न सुख। 'उग्र', पर इते माहिं
कारागार श्रृंखलानिहार में निहार्‌यों मैं!

ज्ञानमण्डल

'उग्र' तप करि कै उदारता रिझायौ विधि
माँगो वरदान—'मोहि अमर बनाइए !'
बोले कमलासन—'न मेरो अधिकार इतो'
जाइ, पति कमला सन विनय सुनाइए।
कहे हरि तूठि—'हर पास चलि जाँचै किन ?'
शम्भु भाखे 'शिव परसाद पास जाइए।'*
शिव परसाद—'एवमस्तु !' कहि बोले,
'अब, बैठि ज्ञानमण्डल अखण्ड गीत गाइए।'

बर्फ़ और परस्त्री : पूर्ण रूपक

काम गरमी में दिखरात वह ज्योंही 'उग्र',
त्यों ही चलि जात मन पाइबे को ललचात।
दरस-परस में सुरूपवान, सीतल है,
हीतल में जाइ—अनुभावी कहें—होत तात !
अधर लगाइ रस लेत ठरि जात रद,
बुध बतरावैं छुइवेते गात गरि जात !
प्यास न बुझात, अधिकात दिन-रात बरु,
बरफ़ हमें तो पर-नारी सम है जनात।

[ये कवित्त सन् 1921-22-23 की रचनाएँ हैं। ज्ञानमण्डल वाला छन्द गणेशजी द्वारा सम्पादित 'प्रताप' में छपा था।]

* विख्यात दिवंगत दानी, समाज-सुधारक, ज्ञानमण्डल के संचालक-संस्थापक।

पं. बाबूराव विष्णु पराड़कर

यह चर्चा सन् 1920 और 21 ई. के बीच की होगी। यह सब मैं स्मरण से लिख रहा हूँ, क्योंकि डायरी रखने की आदत मैंने नहीं पाली, इस ख़ौफ़ से कि कहीं राजा हरिश्चन्द्र की तरह अपना ही सत्य या तेज, अपने ही को भस्म न कर डाले ! यह चर्चा तब की है जब ब्रिटिश शासन के विरुद्ध उपवास करके आयरलैंड के महात्मा मैक्स्विनी शहीद हुए थे। उन दिनों देश में राष्ट्रीयता की लहर तेज़ प्रवाहित हो रही थी, जिसमें मेरे भी प्राण प्रसन्न डुबकियाँ लगाने को लालायित रहते थे। मैंने शहीद मैक्स्विनी पर एक लम्बी कविता लिखी। वह हिन्दू स्कूल के तेजस्वी हिन्दी अध्यापक पं. साँवलीजी नागर को मैंने सुनाई। सुनते ही वह प्रसन्न हो उठे। बोले—चलो, ज्ञानमण्डल, पराड़करजी से कहूँगा कि वह यह कविता 'आज' में छापें। उन दिनों ज्ञानमण्डल भाड़े के बँगले में दुर्गाकुण्ड मुहल्ले में था। शिष्य-वत्सल बेचारे नागरजी पक्के मुहल्ले से पैदल प्रायः एक कोस चलकर मुझे ज्ञानमण्डल ले गए। वहाँ पहुँचने पर मुझको दरवाज़े ही पर रुकने का संकेत कर वह अन्दर गए, जहाँ उस समय शिवप्रसादजी गुप्त और श्रीप्रकाशजी बैठे हुए थे। नागरजी का, उत्तम शिक्षक के नाते, काशी में आदर था। अच्छे-अच्छे जानते-मानते थे। ज्ञानमण्डल का

श्रेष्ठिवर्ग भी उनका सम्मान करता था। उन्होंने गुप्तजी और श्रीप्रकाशजी को सम्मिलित सम्बोधित करते हुए कहा–श्रीमानजी, मेरा एक शिष्य एक कविता लेकर आया है। सामयिक है। कहिए तो उसे अन्दर बुलाऊँ। और अविलम्ब मैं बाबू शिवप्रसाद गुप्त और बैरिस्टर श्रीप्रकाशजी के सामने उपस्थित हुआ। नागरजी ने कहा–"सुनाओ अपनी कविता पढ़कर।" मेरा दिल धड़क रहा था। साहस बटोरकर काशी के उन दिग्गज श्रीमानों को मैंने अपनी कविता सुना ही दी। और रंग जम गया। गुप्तजी भी प्रसन्न हुए, प्रकाशजी भी। गुप्तजी ने मैनेजर से पूछा–"क्या सवेरे निकलनेवाले 'आज' में इतनी बड़ी कविता के लिए स्थान निकल सकता है ? पूछो फ़ोरमैन से।" फ़ोरमैन ने बतलाया कि सातवें पृष्ठ के अन्तिम कालम में चाहें तो कविता दी जा सकती है। 'आज' में वह मेरी पहली कविता छपी थी। इस वाक़या के कुछ ही दिनों बाद मैंने पहली कहानी लिखी–'गांधी आश्रम'–कि 'आज' ही में छपे। 'आज' के एक सहकारी सम्पादक श्री हरिहरनाथजी बी.ए. थे। बड़े ही सरल-चित्त कायस्थ। उन्होंने पढ़ने के बाद वादा किया कि कहानी पेपर में छपाने का उद्योग करेंगे। पूछना था श्रीप्रकाशजी से। मैं बैठा प्रतीक्षा करता रहा। श्रीप्रकाशजी आए रात के आठ-साढ़े आठ बजे। उन्हें देखते ही उनके रौब के मारे मैं उनकी कुरसी के ठीक पीछेवाली कोठरी में दुबक रहा। मौक़ा पाते ही हरिहरनाथजी ने मेरी कहानी श्रीप्रकाशजी की सरकार में पेश कर दी। "क्या है यह ?" पूछा उन्होंने। "एक कहानी है।" "किसकी लिखी हुई है यह ?" "उसी लड़के

की जिसकी कविता मैक्स्विनी पर आपने छापी थी।"

"लड़के की कहानी ! लड़कों की रचनाओं के लिए 'आज' नहीं है।" कहकर उन्होंने कहानी बिना पढ़े ही अस्वीकृत कर दी। उनका निर्णय सुन उनके पीछे-पीछे मैं सुन्न रह गया। लेकिन जय हो मुंशी हरिहरनाथ की ! उन्होंने वह कहानी मुझे लौटाई नहीं, बल्कि पण्डित बाबूराव विष्णु पराड़कर के सामने उसे रख दिया। पराड़करजी ने रचना पढ़ी, आवश्यक सुधार किए, छपने को दे दी। छपने के बाद मुझे पता चला कि मेरा दिल टूटे नहीं, इसके लिए हरिहरनाथजी ने क्या उपाय किया था। वह कहानी पाण्डेय बेचन शर्मा 'उग्र' के नाम से नहीं, मेरे एक अन्य–शशिमोहन शर्मा–नाम से छपी थी। तब तक मैंने 'उग्र' उपनाम नहीं रखा था। 'उग्र' उपनाम तो मैंने राष्ट्रीय गान-द्वन्द्व में सम्मिलित होने से पूर्व चुना था। आज मुझे अपने लिए उपनाम चुनना हो, तो सम्भव है–बुरा न होने पर भी–'उग्र' मैं न चुनूँ। लेकिन आज से चालीस वर्ष पूर्व राष्ट्र-भक्त लेखक ऐसे कर्कश उपनाम इसलिए चुना करते थे कि बलवान ब्रिटिश साम्राज्य के नृशंस शासक नाम ही से दहल जाएँ। शायद शक्तिहीनता छिपाने के लिए लोग प्रचण्ड नामोपनाम चुना करते थे; जैसे–'त्रिशूल', जैसे 'वज्रपाणि', जैसे 'धूमकेतु', जैसे 'भीष्म', 'भीम', 'भयंकर', 'प्रलयंकर' या अपना ढाई अक्षर का 'उग्र'। क्या हुआ कि पण्डित पराड़करजी मेरी लेखनी की तरफ़ आकर्षित हुए–मुझे पता नहीं। वह रूखे दीखनेवाले महापुरुष थे, प्रायः चुप रहनेवाले। मेरी लेखनी में अंग्रेज़ी राज के प्रति घोर घृणा तथा क्रान्तिकारियों के लिए तरल महामोह जो था–मैं

समझता हूँ—उसी पर वह मुक्त-प्राण महाराष्ट्रीय मोहित हुए होंगे। उन्होंने बे-बोले ही मानो मुझे गोद ले लिया। सारे ज्ञानमण्डल की कानाफूसी एक तरफ़ रख, अपना काम छोड़, घंटों तक वह मेरी कहानियों को व्याकरण की पटरी पर लाते, ग़लत-बयानियाँ सुधारते, बदशक़्ल शब्द या मुहावरे काट-छाँटकर, सुन्दरता सँवारकर वह मेरी शूद्र रचनाओं को दिव्य द्विजत्व दिया करते थे। जब वह मेरी कहानी पढ़ते-पढ़ते हँसने लगते अथवा सजल हो उठते, तब मुझमें, बिना बोले ही, आत्मविश्वास घट-घट उँडेल देते थे। अक्सर मैं घोर राजविद्रोह लिख मारता था, जिसे पढ़ते ही अस्वीकृति से माथा हिलाते वह कहते—"नहीं, नहीं, आपने लिखा सुन्दर है, सच है, पर कानून लोचदार होता है। संस्था श्रीमानों की है। इस तरह आप सबको संकट में डाल देंगे।" फिर पराड़करजी उस रचना-रूपी बिच्छू को सुधारते यों कि बिच्छू का रूप तो बदल जाता, लेकिन शब्दों के (कामाफ़्लाज) मायाजाल में मारक डंक और विष बना-का-बना ही रहता। अक्सर मेरी रचनाओं की क्रान्तिकारी उग्रता से चमककर श्रीमान् लोग सावधान करते पराड़करजी को कि कहीं 'उग्र' की लेखनी संस्था को खड्डे में न खींच ले जाए। फिर भी, पराड़करजी छापते। यह द्वन्द्व तब तक चलता रहा—चार-पाँच बरसों तक—जब तक पराड़करजी की कृपा से रचनाकार की हैसियत से मैं अपने पैरों पर खड़ा नहीं हो गया। इस अरसे में उत्तर प्रदेश का यह जो भारत-प्रसिद्ध दैनिक अख़बार 'आज' है, मेरे अभ्यास का पूर्ण साधन बना रहा। इसके प्रमाणों से 'आज' की फ़ाइल-की-फ़ाइल भरी हुई हैं। मेरी लिखी पहली

समालोचना 'मर्यादा' मासिक में इन्हीं दिनों छपी थी, जिसके सम्पादक थे श्रद्धेय सम्पूर्णानन्दजी। गर्वीले सम्पूर्णानन्दजी के ज्ञान-विज्ञान-चर्बीले चश्मों में भी मेरी लेखनी के लिए स्नेह पर्याप्त था। मैं कहानी, कविता, हास्य, आक्रमण, जो भी लिखता था वह पराड़करजी के प्रसाद से तुरन्त ही पब्लिक के सामने आ जाता था। 'ऊटपटाँग' शीर्षक से बरसों मैंने हास्य-व्यंग्य के नोट्स 'आज' में लिखे हैं—'अष्टावक्र' उपनाम से।

इस लिखने-लिखाने की मज़दूरी मुझे शुरू-शुरू में दस आने कालम के हिसाब से मिलती थी। वह भी इस शर्त के साथ कि तीन रुपए मासिक से अधिक कालम मैं न लिखूँ। सौभाग्य का तेवर तो देखिए! बाल-अभ्यास के लिए पाँच लाख का प्रतिष्ठित दैनिक पत्र बाबा के माल की तरह अपना, पर जेब-खर्च के लिए रुपये तीस मासिक से अधिक की गुंजायश नहीं ! लेकिन 'आज' की वजह से मेरी वह प्रचण्ड पब्लिसिटी हुई, नगर में, प्रदेश में, हिन्दी-हद तक सारे देश में कि ज्ञानमण्डल के वरदानों को मैं चाँदी के बटखरों से क्यों तोलूँ ?

आपने पढ़ लिया कि मैं शिवप्रसादजी गुप्त के 'सेवा उपवन' से भीख के अन्न सिर पर लादकर ले आता था। ज्ञानमण्डल और 'आज' भी उन्हीं देवता-स्वरूप शिवप्रसाद के दिव्य प्रसाद थे। (हैं भी।) लेकिन शिवप्रसादजी मुझे 'आज' में उस ओज से न लिखने देते जिस तेज की महाराज पराड़कर ने सुविधा दे रखी थी। मौलिकता न हो न सही, पाठकों की नीरसता भंग करने के लिए तब के 'आज' में प्रकाशित दो-चार कविताएँ महज स्मरण से यहाँ उपस्थित करता हूँ।

परतन्त्र !

प्रभु, परतन्त्र हैं हम आज !
दलित हैं पर-पद प्रबल से गलित हैं सब साज। प्रभु.
देश पर, निज वेश पर, सर्वेश पर का राज,
पर-कृपा निर्भर स्व-पूजा, ध्यान और नमाज। प्रभु.
पर-उदर निज अन्न से भर हम रहें मुहताज...
पर-कुशल, निज अपकुशलहित देव विविध ख़िराज।
प्रभु.
अपर-पर-बस जग न हम सम दास गन सिर ताज।
प्रभु.

(सन् 1920-21 ई.)

कामना

भयंकर ज्वालाएँ
जाग उठें, सब ओर आग की हो जाये भरमार !
मधुर रागिनी नहीं चाहते—
और न स्वर सुकुमार !
वज्र-नाद-सा बोल उठे हम सबके उर का तार !
पावस की घनघोर घटाओं-सी
चारों ओर नभ में धुएँ की राशि व्याप उठे,
और उसमें से हमारी दिव्य आशाएँ
चंचला-सी चमकें अनन्त चिनगारियाँ !
ऐसे समय
ओ हो हो ! आ हा हा !
उग्र-रूप विश्वामित्र,
दुष्ट-दल-नाशक भृगु,

रावण-दर्प-हारी राम,
कुरु-बल-वन-दावानल, कर्मवीर-कृष्ण ऐसा,
अथवा पिनाकी भूतनाथ श्री कपालभृत
ऐसा वीर-भारत हमारा उग्र नाच उठे !
एवमस्तु !

(सन् 1920-21 ई.)

व्यंग्य

'मिस' माधुरी को मुख 'लोफ़र' निहारि, हारि,
फीके पड़ गए मुँह नीके-नीके गुल के।
वसन सफेद वाके तन की सफेदी देख
मलिन बना ही रहा—साठ बार धुल के।
चूल्हे पड़े, जले, काहू काम के रहे न फिर,
देखि हलकाई वाकी फूले-फूले फुलके।
'काऊ', 'किड', 'बुल' के, हरिन चुलबुल के,
सुजात गड़ि पायन चरम बुलबुल के !

हास्य

खेत-खेत खाद खाय तपके तमाखू हुआ,
गया परदेस, कहो कैसी बुद्धिमत्ता है ?
विकट मेशीन बीच पड़ उड़वाया लत्ता,
बना सिगरेट, फिर लौटा कलकत्ता है !
हाट में बिकाया, आया हाथ में उसी के फिर
ख़ाक़ भी हुआ, तो होठ ही पे ! क्या महत्ता है !!
'सत्ता' हुआ 'मिस' पे बेचारा कवि 'लोफ़र' भी
बोल उठा विश्व : यह प्रेम अलबत्ता है !

पूज्य पराड़करजी का बंगाल के बड़े-बड़े बमबाज़ योगी-मिजाज़ क्रान्तिकारियों से सम्बन्ध था। दिल्ली के दफ़्तर में यह जो साक्षात् शहीद हैं गुप्त मन्मथनाथजी यह भी मेरे क्लास-भाई हैं। हिन्दू स्कूल के मन्मथनाथजी भी विद्यार्थी थे। प्रचण्ड और दार्शनिक षड्यन्त्रकारियों से मेरा सम्पर्क भी कम नहीं था, लेकिन पराड़करजी या मन्मथनाथ के सबब नहीं। मेरी लेखनी से चिनगारियाँ झड़ते देख दिवंगत श्री शचीन्द्रनाथजी सान्याल और फाँसी पा जानेवाले शहीद श्री राजेन्द्र लाहिड़ी ने ललककर मेरा संग्रह किया था। शचीन्द्र बाबू ने राजेन्द्र लाहिड़ी को मेरे घर भेजा, मेरी उग्रता की गहराई को जाँचने के लिए। मेरे स्वभाव में उत्सुकता, भावुकता जितनी गम्भीरता, दृढ़ता, उतनी नहीं थी। क़लम से लिखकर 'रिस्क' लेना हो तो (कायर होते हुए भी) शहीदों का पीछा मैं काले कोसों तक न छोड़ूँ। क़लम से मारना हो तो सारे विश्व के अनाचारियों को बिना नरक भेजे मैं न मानूँ, लेकिन बन्दूक, तलवार से प्राण लेना हो तो वह मेरा शेवा नहीं।

मेरी परिभाषा : चाणक्य ने नन्द साम्राज्य का नाश कर दिया लेकिन अपने हाथ से किसी को एक थप्पड़ भी लगाए बग़ैर। और मुझे बुलाया गया। तीन और बंगाली जवानों के साथ बनारस से इलाहाबाद सचमुच कोई षड्यन्त्रकारी उपद्रव : राजनीतिक डाका डालने के लिए ! चला तो गया मैं बंगालियों के साथ बनारस से इलाहाबाद, लेकिन वैसे ही जैसे काली मन्दिर में नहलाए जाने के बाद बलि-पशु यूप की तरफ़ जाता है। इलाहाबाद में चौबीस घण्टे इन्तज़ार करने पर भी अन्य

आदमियों के साथ जब योगेश बाबू नहीं आए तब एक प्रकार से जान-बची-लाखों-पाए भाव से हम तीनों छोटी लाइन से पुनः बनारस लौटे। लेकिन बीच के एक जंक्शन पर बनारस से आनेवाली गाड़ी में आधा दर्जन तगड़े वीरों के साथ योगेश बाबू नज़र आए। उन्होंने हमें अपने डिब्बे में बुलाकर इलाहाबाद लौट चलने का जब आदेश दिया तब बन्देख़ाँ बेशर्म बहाने बनाने लगे : कि भाभी से दो ही दिनों में लौट आने का वचन देकर आया हूँ। इस पर बहादुर योगेश बाबू ने जिस घृणा-भरी दृष्टि से मेरी तरफ़ तरेरकर ताका था, वह आज भी मुझे भूली नहीं है। दोनों बंगाली बहादुर इलाहाबाद लौट गए। मैं बनारस बच आया। फिर भी श्री शचीन्द्रनाथ सान्याल तथा क्रान्तिकारी मण्डल मेरा आदर करता था। शचीन बाबू ने तो अपने संस्मरण में एकाधिक बार मेरी चर्चा भी की है। वह मेरी लेखनी में जो आग थी उसी से परम सन्तुष्ट थे। मुझमें जो नहीं था उसके लिए तिरस्कार सान्याल महाशय के दर्शन में नहीं था। सान्याल बाबू दुखों के दाह से सुवर्ण की तरह दप्-दप् दहकते दार्शनिक थे। कसौटी की तरह श्याम। बड़ी-बड़ी, डोरीली, करुण, आँखें !

बाबू शिवप्रसाद गुप्त

तो ? तो क्या बाबू शिवप्रसाद गुप्त को भी स्वर्ग के फाटक से नहीं गुज़रने दिया गया ? बाइबिल में लिखा है : सुई के सूराख़ से ऊँट निकल जाए—भले, परन्तु धनवान स्वर्ग के फाटक से त्रिकाल में भी नहीं गुज़र सकता। बाबू शिवप्रसाद गुप्त ग़ैर-मामूली धनवान—कहते हैं करोड़पति—ज़मींदार-साहूकार के उत्तराधिकारी थे। अगर मुझे मज़े में विदित न होता कि दोष देवताओं में भी होता है, तो दिवंगत बाबू साहब को मैं आदमी न कह देवता ही कहता। लेकिन जहाँ तक मुझे मालूम है देवताओं को दिल नहीं होता और आदमी यदि भरत बन जाए या बुद्ध, ईसा या श्री रामकृष्ण परमहंस या गांधी तो वह सर-से-पाँव तक दिल-ही-दिल दिव्य दिखलाई देता है। सावन के सघल-घन की तरह शिवप्रसादजी सहज स्वभाव से सभी के लिए जीवन-मय-सजल थे। उनके रहते 'सेवा उपवन' एक विशाल अतिथि-निवास था। किसी तरह का भी गुणी हो, गुप्तजी के मन में उसके लिए उदार आदर-भाव सुरक्षित था। विद्यार्थियों को, विद्यालयों को, समाज-सेवकों को, राष्ट्र-कर्मियों को, नेताओं को मालवीयजी और गांधीजी को बाबू शिवप्रसाद गुप्त मुक्तहस्त दान दिया करते थे, वह भी भावपूर्ण भक्ति से। महामना

मालवीयजी पर तो वह लोटपोट-मुग्ध थे, उन्हें पिता अपने को पुत्र और गोविन्द मालवीय को भाई कहा करते थे। मालवीयजी भी बाबू शिवप्रसाद गुप्त को इतना मानते थे कि काशी में उन्हीं के यहाँ रहते, उन्हीं का अन्न पाते थे। ज्ञानमण्डल को ज्ञानमण्डल बनाने में शिवप्रसादजी के लक्ष-लक्ष रुपये अलक्ष हो गए। 'आज' को 'आज' बनाने में। 'भारतमाता का मन्दिर' की भव्य कल्पना को दिव्य आकार देना, काशी विद्यापीठ की बुनियाद डालना दिवंगत गुप्तजी ही का प्रसाद है। काशी में जो भी राष्ट्रीय चेतना जाग्रत हुई उसकी प्रेरणा में गांधीजी के बाद बाबू शिवप्रसाद गुप्त ही का नाम लेना मुझे समुचित लगता है। शिवप्रसादजी के प्रसाद का पुण्य-प्रकाश सारे उत्तर प्रदेश में, ख़ुशबू सारे देश में थी। शिवप्रसादजी इतने मोटे थे कि लगता था उनका विशाल हृदय बूझकर ही विधाता ने वह बड़ा-घर उन्हें बख़्शा था। शिवप्रसादजी का बँगला बड़ा, मोटर बड़ी, कैसे बड़े-बड़े वायलर घोड़ों की जोड़ी थी उनकी, जिसके पीछे वर्दी-धारी दो-दो साईस राहगीरों को तेज़ स्वर से सावधान करते रहते थे। शिवप्रसादजी खाने और खिलाने के भी बड़े शौकीन थे। घर की बात अलग, यात्रा में भी उनके साथ पूरा भण्डारा चला करता था। काशी में आकर कोई भी बड़ा आदमी 'सेवा उपवन' ही में सुविधा, आतिथ्य और सुख पाता था। अक्षरशः रईस थे श्रद्धेय शिवप्रसादजी गुप्त। ऐसे जैसे को जेल तो कदापि नहीं होना चाहिए थी। लेकिन भला अंग्रेज़ कब छोड़नेवाला था। उन्हें भी सीख़चों में बन्द किया ही गया। शिवप्रसादजी-जैसे रईस को जेल देना फाँसी

देने के बराबर था। हृदयहीन कानून ने ऐसा समझा ही नहीं। वह जेल ही में बीमार पड़ गए। छूटे, तो उन्हें फ़ालिज मार गया। फ़ालिज मार गया ? शिवप्रसाद गुप्त को ? ऐसे नेक-दिल आदमी को जिसकी तुलना देवता से भी करने को मैं तैयार नहीं ? तो यह सारे-का-सारा उत्तम अभियान, विधिविहित दान, सबकी पूजा, सबका सम्मान, सबके लिए अपार मोहमय प्यार सदाचार नहीं, अपराध था ? क्योंकि शिवप्रसादजी को विकराल, भयानक दण्ड मिला—जिसे छः महीने की फाँसी कहते हैं। जिस 'सेवा उपवन' में उन्होंने सारे संसार की सेवा की थी उसी में बहुत दिनों तक वह पक्षाघात से परम पीड़ित पहियादार गाड़ी पर झुँझलाते, खुनसाते घुमाए जाते थे। वह अक्सर बनारसी बोली में व्यथा-विह्वल दोहाइयाँ दिया करते थे—"रमवाँ, रे रमवाँ ! कौन गुनहवाँ करली रे रमवाँ !" तो ? तो क्या बाबू शिवप्रसाद गुप्त को भी स्वर्ग के फाटक से नहीं गुज़रने दिया गया ? बाइबिल में लिखा है : सुई के सूराख़ से ऊँट निकल जाए—भले, परन्तु धनवान स्वर्ग के फाटक से त्रिकाल में भी नहीं गुज़र सकता।

बाबू शिवप्रसाद गुप्त के जीवन और मृत्यु से जब मैं बच्चा महाराज के जीवन और मरण की तुलना करने चलता हूँ तो मेरी मति हैरान-परेशान रह जाती है। यद्यपि मनुष्य की दृष्टि से दोनों में कोई भी तुलना करना अनुचित-जैसा लगता है, लेकिन दैवयोग से मेरे तो दोनों ही गुरुजन थे। बच्चा महाराज ने हारकर कभी राम की पुकार नहीं लगाई। असल में वह अपने प्राइवेट अफ़ेयर्स में राम की भी दस्तंदाज़ी नहीं चाहते थे। और जैसे राम

को भी बच्चा गुरु की यह सर्वतन्त्र-स्वतन्त्रता मोहक मालूम पड़ती थी। तभी तो आराम-भरा जीवन उन्हें वरदान मिला था।

पं. कमलापति त्रिपाठी

सो, तुम जीते-कमला, और बहुत ख़ूब जीते। अभी गत कल ही की तो बात है। तुम प्रादेशिक साहित्य-सम्मेलन के अध्यक्ष बने थे (सन् 1948-49)। उन्हीं दिनों लखनऊ में मैं भी मोहक मिनिस्टर श्री केशवदेव मालवीय का मेहमान था। अतः, सहज ही, उस जलसे में हाज़िर था जिसके तुम जनाबे-सद्र थे। पहले दिन की कार्रवाई ख़त्म होने के बाद ही मंच से दर्शकों के बीच में आने पर मुझे पहचान तुमने मेरे कन्धे पर परिचित हाथ रखा था और—परिचित ही अदा में—मैंने गुज़ारिश की थी हिं.सा. सम्मेलन के अध्यक्ष से कि आगामी कल के जलसे में मुझे भी चन्द अल्फ़ाज बोलने की इजाज़त दें। लेकिन तुमने तद्दन ना कर दिया था : "तुम न जाने क्या बोलो—मैं तुम्हें बोलने नहीं दूँगा।" तब तुम मिनिस्टर नहीं—महज़ एम.एल.ए. थे, लेकिन तब भी तपना तुमने प्रायः मिनिस्टरों की तरह ही शुरू कर दिया था। मैं रहता था मिर्ज़ापुर तथा 'मतवाला' वाले महादेवप्रसाद सेठ के योग्य-पुत्र के करते फिर से प्रकाशित 'मतवाला' का सम्पादक था। दूसरे दिन तुमने सभा में मुझे बोलने नहीं दिया था। पाँचवें दिन अपने पेपर में मैंने तुम्हारे दर्शन की, भाषण की, हिन्दी साहित्यिक-आसन पर से पालिटीशियन मुख्यमन्त्री पन्त

के पद-पल्लव पकड़ने के आचरण की भर्त्सना की थी—ज़रा भी अपनत्व दिखाए बग़ैर। इसके बाद मिर्ज़ापुर से बनारस जाने पर, जान-बूझकर, तुम्हारी प्रतिक्रिया ताड़ने के लिए मैं तुम्हारे घर गया था। दरबार तुम्हारा भरा था, मैंने देखा। मुझे देखते ही चेहरे पर अहंकार तुम्हारा उभरा था। मेरी तरफ़ से दीठ हटा, पीठ दिखाते तीव्र-तिरस्कार से तुमने कहा था : "कोई मुझसे पॉलिटिक्स में भिड़ावे (फिर देखें...)।" उस समय मैंने नहीं समझा था कि तुम्हारे इस पॉलिटिक्स-परिज्ञान-अहंकार के पीछे इतना कूट-प्रभुत्वपूर्ण 'पावर' था। तुम सिंचाई मन्त्री बन गए जब तब भी मैंने अहंकार योग्य कोई ख़ुसूसियत तुममें नहीं देखी थी। लेकिन जब काल ने तुम्हारे पक्ष में 'किक' मार सी.बी. गुप्त को पाताल पठाया और सम्पूर्णानन्द को प्रान्तीय प्रभुत्व के आकाश की तरफ़ उछाला तब जैसे रातोंरात तुम्हारा साइज़ यू.पी. के पाताल से (नक्षत्र-ग्रह-चन्द्रार्क-मण्डित) आकाश तक विराट हो गया था। तुम्हारा यह विराट रूप मुझे बहुत ही भाया। जीवन में जीवट से डटने की क्षमता, बल, 'पावर' मुझे बहुत ही सुहाते हैं। मैंने कहा, 'भाते हैं' 'सुहाते हैं'। 'लुभाते' ये मुझे उतना नहीं। देखो तो, जब से तुम 'पावर' में हो मेरी-तुम्हारी भेंट तक नहीं। लखनऊ तो दूर मैं बनारस भी नहीं गया, मिर्ज़ापुर नहीं गया। तब से जब से तुम वैसे शक्तिशाली बने जिसकी कल्पना तक मैं न कर पा सका था। वैसे ही—ठीक वैसे ही कमला—जैसे अलिफ़ लैला के दीन अलादीन को अपने ही हाथ के चिराग़ में प्रचण्ड शक्तिशाली 'जिन' के होने की कल्पना तक नहीं थी। विश्वास रखो, मैं तुम

पर एक अक्षर भी न लिखता—यह सब तो अपना अहंकार प्रकट करने के लिए लिखा है—ख़ासकर प्रान्त में उन साहित्यिकों, क़लम-बाज़ों, आचार्यों, तथाकथित प्रतिभाशालियों पर जो आज तुम्हारे प्रसाद से प्रसादीलाल बने हुए हैं। मेरा दावा है आज यू.पी. के जो भी तुम्हारे सामने झुककर सम्पूर्णानन्दित हैं वे सभी मेरे सामने भी सरासर झुके हुए हैं। याद तो करो सन् 1921 ई. की घटना। गांधीजी काशी आए हुए थे और टीचर्स ट्रेनिंग कॉलेज के दुमंज़िले पर हिन्दू-विश्वविद्यालय के एक-से-एक विवेकी आचार्य को असहयोग का प्रोग्राम सुतर्कित रीति से समझा रहे थे। और तुम थे। और मैं था। हमने तय किया कि महात्माजी जब गोष्ठीवाले कमरे के बाहर निकलें तब अचानक लपककर पावन चरण-स्पर्श किया जाए। और हम कर गुज़रे लड़कपन। बड़े-बड़ों के आगे-आगे आते गांधीजी के गतिवान चरण एक ओर से तुमने और एक ओर से मैंने पकड़ ही लिये थे। गांधीजी चमककर शान्त रह गए थे। मुझे याद है—मेरे हाथ में उनका दाहिना चरण आया था और तुम्हारे बायाँ। युग-पुरुष के वामपद की विभूति अगर वही है जिससे तुम मण्डित हो कमलापति पण्डित ! तब महात्मा के दक्षिण पद की विभूति में क्या होगा उसकी कल्पना की अनुभूति भी ब्रह्म-पद-प्रसूति मालूम पड़ती है। महात्मा पद-रज-ग्रहण के चन्द ही दिनों बाद इस बात पर मेरी-तुम्हारी शर्त लगी थी पाँच-पाँच रुपये की कि आगे जेल कौन जाता है। जेल तुम भी गए, लेकिन मैं तुमसे पहले पहुँचा था। और हम दोनों एक ही भाव में, एक ही बैरक में, एक ही 'झिरी' में, एक ही जेल में सन्

उन्नीस सौ बीस और एक में थे ! उसी जेल में उसी समय कृपलानीजी, सम्पूर्णानन्दजी और सारी यू.पी. के कई सौ पॉलिटिकल बन्दी भी थे ! आज यह सब मैं इसलिए लिखता हूँ कि तुममें जो श्रेष्ठ है, तेजस्वी है, उसमें मैं हूँ। भले मैं ही न होऊँ तुम्हारे पूज्यपिता परम पण्डित थे; तुम्हारे भारत-विख्यात नानाजी परम पण्डित थे। लेकिन जेल तो मैं ही तुम्हें ले गया, अख़बार-नवीसी की तरफ़ तो मैं ही तुम्हें ले गया। मतलब महज़ यह कि तुम्हारे शुभ में मेरा अनुराग आज भी है और अशुभ में भगवान् न करें किसी का अनुराग हो। हरिश्चन्द्र ने कहा—कोई हमसे सत्य में भिड़ाए, रामचन्द्र ने कहा, कोई हमसे मर्यादा में भिड़ाए, गौतम बुद्ध ने कहा, कोई मुझसे करुणा में भिड़ाए, लेकिन कमलापति पंडित ने पलटा लेकर कहा, कोई हमसे पॉलिटिक्स में भिड़ाए ! तो कमला ! इस पॉलिटिक्स में तुम्हारे सत्य, मर्यादा और करुणा तो होगी ही ? या माडर्न पॉलिटिक्स उक्त गुणों से विरहित होता है ? भाई रे, दोहाई है, इतना बड़ा हो गया चुनार का पँडवा, पर, पूछो तो पॉलिटिक्स का 'प' भी लिखना मुझे नहीं आता। जब तुम कृषि या सिंचाई मन्त्री बने थे, मैं संयोग से लखनऊ में था। तुम्हारे यहाँ गया जो तुम अन्दर थे; बाहर दरबार लगा था। तुम बाहर आए तो स्व. परमहंस राघवदास ने तुम्हें सुनाया था कि उग्रजी कह रहे थे कि काम अभी छोटे भाई कर रहे हैं, बड़े भाई का नम्बर बाद में आएगा। शायद परमहंसजी का कथन तुम्हें सुहाया नहीं था। मैं दूसरे दिन गया तो तुम तख़लिए में सुलभ हुए थे। इसके बाद मैं उत्तर प्रदेश के बाहर-ही-बाहर रहा। अक्सर पत्रों में

पढ़ता तुम्हारे बारे में। कमाल मेरे भाई ! तुमने करके दिखा दिया ! लेकिन किसको दिखलाया ? बेचन को ? परिवारियों को ? रिश्तेदारों को ? बनारसवालों को ? या प्रदेश की भूखी, दुखी जनता को ? काफ़ी दिनों तक तुम शक्तिशाली रहे ! इस अरसे में जनता का हित कितना हुआ ? मैं नहीं जानता। मैं लखनऊ से काफ़ी दूर रहता हूँ। लेकिन इसी के उत्तर में तुम्हारा भविष्य है, यह मैं जानता हूँ। मालूम नहीं कमला कि आज तुम भले हो या बुरे। बुरे हो तो बुरा नहीं। चारों ओर ही बुरे-ही-बुरे हैं, परन्तु यदि भले हो तुम मेरी जान ! तो आज बहुत ही भले लगोगे, क्योंकि भले लोग नज़र आ नहीं रहे हैं।

बनारस और कलकत्ता

जब मैं चुनार से बनारस पढ़ने आया तब मन-ही-मन अपने सामाजिक स्टेटस पर बड़ा ही लज्जित-जैसा महसूस करता था। गुणहीन, ग़रीब, गर्हित चरित्र—लेकिन साल-दो साल रहकर जब काशी में कलियुगी रंग देखे तब दुखदायी होने पर भी चरित्रहीनता में मेरा बड़ा भाई मन के मुकाबिले में माशा-मात्र मालूम पड़ा। माफ़ी जलालपुर गाँववाले जिसे पाप मानते थे, चुनारवाले चरित्रहीनता, बनारसवालों की नज़र में वह रोज़मर्रा था। "आँखें नीचे कर चल रे !" कहावत की बहू से सास ने कहा था—"बनारसवाले आँखों ही से बलात्कार करते हैं।" भारतेन्दु हरिश्चन्द्र ने दुछत्ती के दरवाज़े से देखा था नीचे ठठेरी बाज़ार में किसी परम सुन्दर रमणी के पीछे-पीछे कनफटे बाबा को ताक-झाँक में जाते और कहा—"मृग-नैनी को नैन-सर बाबाजी को लाग, गयो कमण्डल...में, चर्रानो बैराग।" चुनार में चित्त या पट्ट पातक को पापी छिपाने की कोशिश करता, लेकिन बनारस में उसी को मज़ाक-ही-मज़ाक में मुश्क बू की तरह हवा के हवाले किया जाता। कैसा भी अधम पातकी समाज के परमपावन की तरफ़ अँगुली उठाकर उसको प्रमाणित कर सकता था पाषंडी—परम; हृदय आन, मुख आन; डूबकर निगलनेवाला; घउरघप्प !

सेन्टर जेल में पहुँचने पर एकबारा अपराधी जब शत-शत दोबारा और सेबारा अपराधियों को देख लेता है—स्वयं से कहीं भयानकतर—तक उसे जो आत्म-सन्तोष होता है वही सन्तोष चुनार से बदमाशी सीखकर आने के बाद बनारस के एक-से-एक प्रतिभाशाली, भाग्यशाली, बदमाशों को देखने पर मुझे हुआ। फलतः मन से हीनता की भावना धुल-सी गई। लगा, यहाँ यही सही कि करो कुछ, बताओ कुछ। या करो भी—बताओ भी। डरो, क्यों ? आलोचक ऊपरी मात्र होते हैं—चलते—नहीं तो यहाँ दूसरे की ख़बर लेने जितनी फुरसत है किस भले आदमी को ? सामने पड़े, झट से राय दी, आगे बढ़े और भूल गए ! सो, छान ! छान ! किसी रण्डी-भड़वे की न मान ! काशी की हवा में ज्ञान इस क़दर कि शंकराचार्य से वहाँ का चाण्डाल बहस कर बैठा था; मंडन मिश्र की मज़दूरन दो-चार सुना गई थी; काशी के तोते तक शंकराचार्य से संस्कृत में टर्रर-टर्रर करने की हिमाकत कर सकते थे। जब मैं विद्यार्थी था तब की काशी में प्रियंवदा मज़दूर में थीं, चार्वाक चाण्डाल थे, टर्रर-टर्रर तोता-रटन्त श्रुति-धारी द्विज थे—अलबत्ता नहीं थे तो करुणामय संन्यासी दर्शनिक दिव्य शंकराचार्य महाराज। कुछ लोग कमज़ोर भी होते हैं और कुरूप भी। कमज़ोरी भी अगर 'कट' वाली हो—अदावाली—तो कलामयी हो उठती है। मेरे एक परम आदरणीय बन्धु थे। अच्छे पढ़े-लिखे, ख़ासे खाते-पीते। कविता का शौक़, कसरत का शौक़, दिलफेंक यार। जवानी में एक हाकी खिलाड़ी नौजवान की सुगठित देह देखी और फ़िदा हो गए। बरसों उनकी भावुकता उस देही से गिर्द भ्रमराती रही।

ब्याह और दो-तीन बच्चे तक हो जाने के बाद जनाब की नमकीन निगाहों में दालमण्डी की एक तवायफ़ नाच ही गई। हज़रत का रोम-रोम गा चला वसन्त बहार—ललकार, ललकार ! पत्नी से भी जनाब ने बतला दिया कि उनकी जान की राहत तो फलाँ जान हैं। वह मुझसे उम्र में दूने रहे होंगे—ज़ियादा ही, लेकिन—घण्टे-घण्टे-भर वह उस तवायफ़ के नाक-नक़्श के फ़साने मजनूँ-मुख बनाए गाते रहते। बात यह थी कि औक़ातवाले दिखने पर भी वह दिल ही फेंक सकते थे—दिरमोदाम नहीं। और वह थी रण्डी। मजनूँ को भी ख़ाली हाथ देख झाड़ू उठानेवाली और नामालूम खाँ पर भी टके पाते ही टकटकी लगानेवाली। सो, मेरे यार का इश्क़ बेक़रार वसन्त-बहार के आगे न जा पाता। श्रीमान् माशूक की तरह सज-बजकर दालमण्डी जाते !—क्या साज-बाज ! घण्टे-भर में दाढ़ी बनाते, आधे घंटे तक मूँछों का 'कर्व' या बाँकपन सँवारते, होंठ देखते, नासिका पर सपाटक हाथ फेरते, कपड़ों पर इस्तरी-ब्रश करके भूल जाते—फिर करते। ज़ियादा समय वह पूजा में लगाते थे या अंग्रेज़ी बूट पर पालिश करने में, कहना कठिन है। इसके बाद महफ़िल में जिस आहिस्तगी से उन दिनों तवायफ़ें सजा करती थीं उसी आराम से लैस होकर, हाथ में छड़ी, सर पर क़श्तीनुमा टोपी ओढ़े महाशयजी दालमण्डी की उस तवायफ़ के दीदारों को चलते, जेब में हद-से-हद रुपया आठ आने की खेरची लिये। उस वेश्या के ठीक सामनेवाली पानों की दुकान पर दो पैसों की गिलौरियाँ खाने के बाद यह मेरा बाँका यार नौ बजे से बारह बजे रात तक उस मंगलामुखी की तरफ़ देखता ही ! जैसे

सूरजमुखी देखे सूरज की तरफ़, अनवरत, एक पाँव पर पुलकित गात, पात-पात। कहते तो नहीं थे, पर सोचते वह मन में यही थे कि पैसे नहीं हैं जेब में तो क्या—बड़ी काया तो है, बड़ी आँखें, खड़ी-खड़ी मूँछें तो हैं। फिर विश्वनाथ-अन्नपूर्णा-दर्शन के पुण्य, पूजा-पाठ का प्रभाव। वह सोचते कि आँखों ही से उस वार वनिता को अर्श से फ़र्श पर खींच लाएँगे ! लेकिन पैसे से खिंचनेवाली ऐसे-वैसे जैसे-तैसे से कैसे खिंचती ? मेरे मित्र के इस फोटक इश्क़ पर उनका भानजा खूब ही हँसता। वह भी जवान, तगड़ा बनारसी था। उसने मामाजी के प्रेम को नामर्दों का प्रेम बतलाया। वह किसी दिन जब मामाजी पान की दुकान पर खड़े वेश्या को घूर रहे थे तब, दस-बीस रुपये लेकर, उसी रूपा के कोठे पर चढ़ गया। इसके ज़रा ही बाद फ़र्श से मामाजी ने देखा कि उनका योग्य भानजा उनके सपनों की रानी के गाल-से-गाल सटाए खुशहाल निहाल अर्श पर था। इस पर महाशय का दिल कुछ ऐसा चकनाचूर हुआ कि तबीअत हरी रखने के लिए हज़रत ससुराल चले गए। आठ बरस से नहीं गए थे जहाँ। वहाँ जाकर क्या देखते हैं आठ साल पहले उनकी जो साली दस साल की थी वह अब अट्ठारह की हो गई थी। ब्याह उसका कई वर्ष पूर्व हो चुका था लेकिन आराम से उस पर निगाह बनारसी रसज्ञ की अब पड़ी थी। ओ हो ! इसका नक़्शा वही है जो उस वेश्या का ! दोनों ही जैसे गुलाब के फूल, इस फ़र्क के साथ कि वेश्या का रस सूख रहा था और साली सरासर रसाली थी। मेरे मित्र बातों के सौदागर होने के सबब प्रभाव सामनेवाले पर गुरुआई-भरा फ़ौरन डाल

देते थे। उनका साला चेले की तरह उनके प्रभाव में था ! सो, उन्होंने साले से कहा—साफ़ शब्दों में—कि उन्हें उसकी छोटी बहन जँच गई है, सो उसे उनके कमरे में वह किसी बहाने भेजे। और समझदार पढ़े-लिखे साले ने—आचरण पर सन्देह किए बग़ैर—छोटी बहन को बड़े बहनाई के कमरे में भेज दिया। और हिमाक़त यह कि ससुराल से लौटकर उन्होंने अपनी पत्नी को भी बतला दिया। छोटी-बहन-विजय की वार्ता। फलतः इसके तीसरे ही दिन जेठ की दुपहरी में दुछत्ती के कमरे में झाँकने पर बनारसी रसज्ञजी ने देखा ! क्या देखा ? देखा उनकी पत्नी उन्हीं के तगड़े, सुदर्शन, कुँवारे छोटे भाई का अधरपान कर रही है—पिपासाकुल ! मुझे कहना चाहिए कि वह 'स्पोर्ट' थे। चुपचाप, दबे-पाँव, छत से बैठक में आ रहे। मुझे कहना चाहिए कि वह साधु थे। सारे-का-सारा यह क़िस्सा उन्होंने 'सरल-सुभाव-छुआ-छल-नहीं मुझे सुना दिया था। मुझे कहना चाहिए, ऐसे अल्हड़-बिल्हड़ आदमी ऐबों के बावजूद मुझे बहुत ही पसन्द आते हैं। कौन है बे-ऐब ? बे-ऐब—बस एक ख़ुदा की जात है। ख़ुदा ? जात ? बाभन के हाथ की लेखनी भूल ही जाती है कि यह एटम युग है और राकेटों में कुत्ते और बन्दर अन्तरिक्ष की तरफ़ उड़ाए जा रहे हैं—अल्लाह के आसन की तरफ़—भूँकने, बन्दर घुड़कियाँ दिखलाने के लिए।

बनारस देखने के बाद चुनारवाली इनफ़ीरिआरिटी कॉम्प्लेक्स मेरे मन से जाती रही—इस चर्चा में यह वर्णन हुआ है। चुनार में, फिर भी, लुके-छिपे जुआ होता, लेकिन बनारस में तो बागों में, बँगलों में, बजड़ों पर एक

तरह खुले आंम जुआ होता, शराबें होतीं, सुन्दरियाँ होतीं, वार-नारी, जार-नारी। चुनार में तब दो-ही-चार वेश्याएँ घोड़चढ़ी रही होंगी। सो भी शहर से दूर, सराय के नज़दीक। बनारस में पब्लिक-परियाँ बीच शहर में शत-शत की संख्या में प्रकट वेश्यालयों में थीं और शत-ही-शत संख्या में अप्रकट वेश्यालयों में। ऐसी रसीलियों की कमाई चुनार में सम्भ्रान्तों की नहीं बदमाशों और ब्रिटिश टामियों की थी जो इन्हें 'लाल बीबी' कहा करते थे, लेकिन बनारस की बिगड़ी औरतों की गहरी, सही कमाई वहाँ के छिपे-प्रकट रुस्तम मनचले बुद्धि और धनपतियों की थी।

कलकत्ता

"यद्यपि विश्वनाथजी त्रिपाठी चुनार चले गए हैं, फिर भी चुनार ही के एक मुंशीजी उन्हीं के साथ रहते हैं, वह होंगे; मैं आपको अपने आदमी के साथ त्रिपाठीजी के स्थान पर सिंधीबागान में पहुँचवा देता हूँ।" मुझे निराश-हताश देख, सम्भवतः मेरी दिक़्क़त समझकर सहृदय मूलचन्दजी अग्रवाल ने कहा था। विश्वनाथ भाई के साथ चुनार के जो मुंशीजी रहा करते थे वह मेरे परिचित ही नहीं यजमान भी थे। उसी दिन उन्होंने चुनार सूचना भेज दी कि बेचन भाग आए हैं। एक ही हफ़्ते बाद विश्वनाथ भाई भी चुनार से आ गए थे। उन्हें मेरा वहाँ आना और रहना, उनकी सुविधाओं में ख़लल डालना, सुहाया नहीं था। फिर भी, तिरस्कार उन्होंने नहीं किया। एक 'बासे' वाले को कहकर मेरे खाने की व्यवस्था करा दी। जल्द ही उन्होंने मेरे लिए एक नौकरी

भी तलाश की—आर.एल. बर्मन कम्पनी में। एक रुपया रोज़ पर मैं उस कम्पनी के दफ़्तर के बाहर की तरफ़ तख़्त पर बैठकर ग्राहकों के पते छपे फ़ार्मों पर लिखा करता। विश्वनाथ त्रिपाठी जब 'विश्वमित्र' के लिए विज्ञापन ढूँढ़ने निकलते तब अक्सर मुझे भी साथ ले लेते ताकि वह धन्धा भी मैं समझ की खोपड़ी में ढूँस लूँ। उन्हीं दिनों सन् 1920 वाली मशहूर महा कांग्रेस हुई थी जिसके अध्यक्ष थे लाला लाजपतरायजी ! उसी कांग्रेस सेशन में असहयोग का प्रस्ताव पास हुआ था। प्रस्ताव के विपक्ष में बोले थे मालवीयजी, मोतीलाल नेहरूजी, विपिन चन्द्रपालजी। कैसा जोश, कैसा ख़रोश, कैसे-कैसे हृदयस्पर्शी भाषण हुए थे ! कितनी इज़्ज़त थी गांधीजी की ! प्रेसिडेण्ट होने के बावजूद लालाजी महात्माजी को पंखा झल रहे थे। राष्ट्रीय महासभा के उस क्रांतिकारी अधिवेशन के दर्शनों ने मेरे मन में जैसे राष्ट्रीय नशा भर दिया था, प्राणों में एक सपना—गौरव ! मुझे लगा बनारस छोड़ राष्ट्रीय-रण के इस मौक़े पर कलकत्ता मैं अकारण ही आया ! मुझे पुनः बनारस ही लौट जाना चाहिए। बनारस में फिर भी मेरा व्यक्तित्व विकस रहा था। लेकिन अपार कलकत्ता में तो मैं कुलीगीरी करने क़ाबिल भी कायाधारी नहीं था। कलकत्ता जाने पर, नौकरी तलाशने पर मुझे पता चला कि मैं किसी भी काम-क़ाबिल नहीं था। राष्ट्रीय-भावना के साथ इस नाक़ाबलियत ने भी कलकत्ता छोड़ने को मुझे कम उत्साहित नहीं किया। तब तक चुनार से बड़े भाई का पत्र विश्वनाथ भाई पर आया कि वह मुझे बनारस भेज दें—टिकट के रुपये समय पर मिलनेवाला

उधार। तब तक मैं एक मास के करीब आर.एल. बर्मन कं. में एड्रेस लिखने की नौकरी कर चुका था। लेकिन बिना नोटिस जो मैं छोड़ चलने पर आमादा हुआ तो कम्पनीवालों ने भी तनख़ाह के नाम अँगूठा दिखा दिया। विश्वास करें—ज़िन्दगी में वही मेरी एकमात्र नौकरी थी जिसका वेतन आज तक मुझे नहीं मिला है। फिर मेरे पिता की सुगति विचारिए जो सारी ज़िन्दगी पुजारी की नौकरी करते रहे, लेकिन तनख़ाह के रुपये मन्दिर-मालिक सेठ ही के यहाँ समय पर लेने को छोड़ देते थे। लेकिन जब समय आया, वह बीमार पड़े, तब साहूकार ने रुपये न दिए। न दिए मेरी भगिनी की शादी में—पिता दिवंगत हो गए। रुपये मिलते ही रहे।

जीवन-संक्षेप

सन् 1921 ई. में जेल से आने के बाद नितान्त ग़रीबी में, ग़रीब रेट पर, 'आज' में मैं सन् 1924 के मध्य तक राष्ट्रीय आन्दोलन के पक्ष में प्रचारात्मक कहानियाँ, कविताएँ, गद्य-काव्य, एकांकी, व्यंग्य और विनोद बराबर लिखता रहा। सन् '23 में 'महात्मा ईसा' नाटक लिखा, 'भूत' नामक हास्य-पत्र मेरे सम्पादन में चालू हुआ। मेरी समाज-सुधारक कहानियों पर काशी के कुछ गुण्डानुमा पंडे सख़्त नाराज़ हुए, हाथ-पाँव तोड़ देने की धमकियाँ मिलने लगीं। बीच-बचाव कर रक्षा की श्री शिवप्रसाद मिश्र 'रुद्र' के पिता श्री महावीरप्रसाद मिश्र ने जो काशी के विख्यात डण्डेबाज़ दलपति तो थे ही, साथ ही, उत्तम साहित्यिक रुचि के पुरुष भी थे। 'रुद्र'जी के पिताश्री मेरा बहुत ही आदर करते थे और जब-जब मैं उनके यहाँ जाता और अक्सर जाता तब-तब चकाचक जलपान वह कराते, साथ ही, चलते समय रुपया-दो रुपया पान खाने को भी देते थे। शिवप्रसाद का यह 'रुद्र' नाम मेरे ही संकेत का परिणाम है। सन् '24 के मध्य तक मैं हिन्दी में काफी चमकीला बन चुका था, लेकिन जीवन-यापन-भर रुपये काशी में कमाना असम्भव था। इस सन् में मैं काकनाडा कांग्रेस में भी शामिल हुआ था। वहाँ से कलकत्ता लौटने पर एक मित्र के साथ

'मतवाला-मण्डल' देखने गया। 'मतवाला' में मेरी भी कई रचनाएँ प्रकाशित हो चुकी थीं। सन् '24 ही में 'मतवाला'-मण्डल में ही पहले-पहल (आचार्य) शिवपूजन (सहाय) और 'निराला'जी से मेरा आकर्षक परिचय हुआ था। सन् '24 के आरम्भ में गोरखपुर के विख्यात साप्ताहिक 'स्वदेश' के दशहरा अंक का सम्पादन भी मैंने किया था, परम भयानक। पत्र छपा था प्रेमचन्दजी के सरस्वती प्रेस में। सारा अंक विस्फोटक आग्नेय मन्त्रों से भरा था। जैसे अनूप शर्मा की यह घनाक्षरी—

क्रान्ति की उषा से होगा रक्त भारतीय-व्योम
ताप-भरा तेह का तरणि तमकेहीगा।
भारो राजनीति के उदधि के उभारिवेको
चारु कालचक्र चन्द्रमा-सा चमकेहीगा।
वैरियों का दमन शमन होगा शक्ति ही से
युद्ध घोषणा को कोई धर धमकेहीगा।
कायरो ! क्यों लेते हो कलंक को अकारथ ही
भारत के भाग्य का सितारा चमकेहीगा।

उतावले 'उग्र' द्वारा सम्पादित 'स्वदेश' में सन् '24 में प्रचण्ड ब्रिटेन के विरुद्ध कहा गया कि 'युद्ध-घोषणा कोई कर धमकेहीगा।' राष्ट्रीय कांग्रेस ने इसके दो वर्ष बाद सन् 1926 ई. ही में लाहौर में, पूर्ण स्वतन्त्रता का प्रस्ताव पास किया था। 'स्वदेश' के उस अंक को लेकर गोरी गवर्नमेंट में तहलका मचा, गवर्नर-इन-कौंसिल ने केस चलाने का निश्चय किया। प्रेमचन्द के भाई महताबराय पकड़े गए, सरस्वती प्रेस के प्रिण्टर। दशरथप्रसाद द्विवेदी गिरफ़्तार हुए 'स्वदेश' के संचालक, स्वदेश प्रेस रौंद डाला गया। लेकिन बन्देखाँ तब तक

'मतवाला'-मण्डल में कलकत्ता थे। गोरखपुर का वारण्ट जब कलकत्ता आया, मैं बम्बई भाग गया। कलकत्ता पहली बार मैं घर से भागकर आया था। बम्बई पहली बार कलकत्ता से भागकर पहुँचा। और एक संगी के संग साइलेन्ट फिल्म कंपनी में काम करने लगा। पीछे वारण्ट था दफ़ा 124-ए बादशाह के विरुद्ध राजद्रोह (डिस अफ़ेक्शन) फैलाने के जुर्म का, लेकिन सामने थी बम्बई, फ़िल्म-कम्पनी, शराब, कबाब और जनाब क्या बतलाऊँ। मैं भूल ही गया जवानी के जोश में कि प्राणों के पीछे वारण्ट था जिसमें फँसने पर बड़ी-से-बड़ी सज़ा भी सहज ही मिल सकती थी। पाँचवें महीने पुलिस सी.आई.डी. ने मालाबार हिल पर मुझे गिरफ़्तार किया। तब गृहस्थ बनी हुई एक वेश्या मुझ पर आसक्त थी और एक अर्धवेश्या पारसीक परम सुन्दरी पर मैं स्वयं बुरी तरह मोहित था। पाँव में बेड़ी, हाथ में हथकड़ी, भुजा पर सूती रस्सा बँधवाए तीन-तीन सशस्त्र पुलिसवालों के साथ मैं बम्बई से गोरखपुर भेजा गया। तीन महीने तक केस चलने के बाद मुझे नौ महीने की सख़्त सज़ा मिली। 'स्वदेश' संचालक को उसी केस में 27 महीने की सख़्त सज़ा मिली थी। सारी ग़लती मेरी थी, पर चूँकि मैं नाटा—नन्हा-सा दाढ़ी-न-मूँछ था और दशरथप्रसाद द्विवेदी उम्र-रसीदा दाढ़ीवाले सज्जन थे, अतः लोअर कोर्ट से हाईकोर्ट तक ने असल अपराधी बेचारे दशरथप्रसाद द्विवेदी को माना। तब अदालत ने मेरे बारे में घोषित किया था कि "यह तो इक्कीस साल का लल्ला है" (He is a lad of twenty one years) सन् '27 में जेल से आने के बाद मैंने 'आज' में 'बुढ़ापा' लिखा था और

'रुपया'। सन् 26-27 की जेलों में होने पर भी प्राण मेरे अप्रसन्न नहीं थे। देखिए, जेल में क्या-क्या है—

'बैरक' है, 'बर्थ', 'बेल' बेड़ियाँ हैं, बावले हैं,
ब्यूटीफ़ुल बालटी की दाल बे-मसाला है।
चट्टा है, चटाई, चारु-चीलर हैं चारों ओर
तौक़, तसली है, तसला है और ताला है।
जाहिर जहान जमा-मार जमादार भी हैं,
कच्ची-कच्ची रोटी सड़े साग का नेवाला है।
शाला, क़ैदियों की काला कम्बल दुशाला जहाँ...
'उग्र' ने वहीं पे फ़िलहाल डेरा डाला है।

1927, 28 और 29 मेरे लेखन-जीवन में ज़बरदस्त कोलाहलकारी रहे। विख्यात 'मतवाला'-मण्डल से मेरा सम्बन्ध फिर से जुड़ा, गठा और परम दृढ़ हुआ था। इसी दरमियान मेरी पुस्तक 'चाकलेट' के वज़न पर 'घासलेट' आन्दोलन मेरे विरुद्ध घनघोर चला था। इन्हीं दिनों में एक नहीं दो-दो बार गांधीजी ने मेरी पुस्तक 'चाकलेट' पढ़ी थी और उसके लेखक की सचाई का अनादर 'चाकलेट' की निन्दा करने से अस्वीकार कर दिया था। हिन्दीवालों के कौआरोर में एक प्रहार स्पष्ट यह था—आक्षेप मुझ पर—कि मैं अश्लील साहित्य टकों के लिए लिखता था। मेरा विश्वास आज भी यही है कि रुपये ही कमाना हो, तो कहानी-उपन्यास लिखने से कहीं सरल धन्धे और हैं। वही अहंकार। मैंने सोचा—परे करो इस हिन्दी को। चरने दो उन्हें जिन्हें चर्रा रही है मेरी चर्चा—चलो बम्बई चलें; जहाँ अपार समुद्र के तट पर कोई पारसीक नारी हाथ में नारिकेल, चन्द्रमुखी, सूर्योपासन रत होगी। मैं पुनः फ़िल्म कम्पनियों में चला

गया। सन् '30 से '38 तक मैं फ़िल्मों में लिखता रहा और मस्तियाँ लेता रहा। इसके बाद क़र्ज़दारों से भागकर पहली बार मैं मालवा—इन्दौर—गया। सन् 1945 तक इन्दौर और उज्जैन में तरह-तरह से लेकिन स्वान्तःसुखाय मैं वही काम करता रहा जो जानता हूँ करना—आग लगाना, कूड़ा जलाना। इसी अरसे में उज्जैन के विख्यात महाकाल मन्दिर में मेरी पहुँच हुई और साल-छह महीने बहुत ही निकट से महाकाल के दर्शन प्रसाद प्रसन्न प्राप्त हुए। इसी अरसे में खण्डवा के 'स्वराख्य', इन्दौर की 'वीणा', मध्य भारत साहित्य समिति, मालवा के राजनीतिक, सामाजिक जीवन, उज्जैन से 'विक्रम' सम्पादन, उज्जैन की राजनीति आदि से मेरा घनघोर सम्पर्क रहा है। सन् '45 में मैं तीसरी बार बम्बई, इन्दौर से पहुँचा और स्वराज्य होने तक उसी महानगरी में गरजता-बरसता रहा। इस अरसे में भी दो साप्ताहिक मेरे नाम के नीचे आए 1. विक्रम और 2. 'संग्राम'। स्वराज्य होते ही उत्तर प्रदेश लौटा और मिर्ज़ापुर से 'मतवाला' का सम्पादन करने लगा। सन् 1950-51-52 कलकत्ते में बहुत बुरी तरह कटे। '53 के अन्त में दिल्ली आया। दिल्ली सब्ज़ी मण्डी, पंजाबी बस्ती में रहा 7-8 महीने, फिर तीन साल से ज़ियादा लोधी बस्ती में बसा। तीन ही बरसों से इधर जमुना पार कृष्णनगर में रह रहा हूँ। सागर विश्वविद्यालय आजकल 'उग्र' पर रिसर्च करा रहा है। उसी हनुमानचालीसा चुरानेवाले पर।

असंबल गान

उपदेशक—

तेरी कन्था के कोने में
कुछ संबल, या संशय है, अरे पथिक, होने में ? तेरी.
यदि कुछ हो न ठहरता जा ना,
कन्था अपनी भरता जा ना,
करम दिखा इन बाज़ारों में
कुछ धरता कुछ हरता जा ना।
करता जा खिलवाड़ अमरता
पड़ नश्वरता के टोने में। तेरी.
दूर देश तुझको जाना है,
पथ के ध्रुव दुख-सुख पाना है।
अरे ! गुनगुना इतना गा ना,
पड़ना है आगे रोने में। तेरी.
बीहड़ बाट हाट से आगे
जा मत ! मुसका मत भय त्यागे !
गिरि-गह्वर, नद, निर्झर-झर हैं
पछताएगा अन्त अभागे !
खो देगा अपने को पागल !
होती हँसी यहाँ खोने में। तेरी.

राही—

खो जाने ही का तो डर है।
इसीलिए संबल संचय में
संशय है, कुछ कोर-कसर है। खो जाने.
इसीलिए यह कन्था ख़ाली,
मलिन-मुखी, गलिता, अति-काली
लाद पीठ पर नाच नाचता
गाता आसावरी निराली।
इसीलिए यह गाल बजाता,
इसीलिए यह सूना स्वर है। खो जाने.
दूर देस से मैं आता हूँ,
सच है, दूर देस जाता हूँ।
किन्तु जिसे पाता हूँ पथ में
खोने ही वाला पाता हूँ!
सुना : मिटे घट गये घनेरे
यह घटिया घाटों का घर है। खो जाने.
यह गिरि-वर, यह नदी मनोहर,
वक्ष फुलाकर, कलकल गाकर,
जाते दूर—सुदूर—नील-दिशि
संबल की यह भूल भुलाकर!
इसीलिए इन बाज़ारों की
नहीं मुझे अब ख़ाक़ ख़बर है!
खो जाने ही का तो डर है।

(सन् 1928 ई.)

परिचय–

महाराज, युवराज, सरदार, जर-दार
जूआ खेलने के लिए जुड़े राज-दरबार।
सोनापुर राज की वसुन्धरा थी रत्नमयी
और थी खेलाड़ियों को कौड़ियों की दरकार !
किन्तु उस देश में वराटिका* मिली न एक,
खोज-खोज हारे ख़ास-दास, दस-दस बार।
भाग्य की परीक्षा की प्रतीक्षा में सभी थे जब
भिक्षा माँगने को पहुँचा मैं तभी राज-द्वार !

मेरे पात्र में थीं चन्द कौड़ियाँ, जिन्हें विलोक,
चन्द कौड़ियों पे टूटे सरदार जर-दार !
चन्द कौड़ियों को ललचाने हीरामणि आए,
चन्द कौड़ियों के महाराज थे तलबगार !
मैंने कहा ज्ञान से तमक तान मस्तक को
भाग्यवानो ! दान दूँगा। माँगो हाथ तो पसार ?
भीख लेके जीते वे, मैं दान देके हार गया,
हार के गया मैं जीत, जीत के गए वे हार !

●●●

* कौड़ी